朱家非比尋常的日常【三】

胡丹 著

挖掘明代諸君的眞實樣貌

借詩點評明朝十六帝

太祖洪武帝 朱元璋

有的人，他活著別人就不能活
（臧克家《有的人》）

詩解

他是歷史上最為多面的一個皇帝，他到底是猛虎，還是狐狸？

惠宗建文帝 朱允炆

有的人活著，他已經死了；有的人死了，他還活著（臧克家《有的人》）

詩解

他丟了江山，也丟給後人一個津津樂道的話題，他在口碑中實現了永生。

成祖永樂帝 朱棣

卑鄙是卑鄙者的通行證（北島《回答》）

詩解

他的名字是弒君者，關於他的「偉大」，不過是一篇墓誌的諛辭。

仁宗洪熙帝 朱高熾

我曾夢摘星辰，醒來一顆顆從我指間墜落；覺悟後的虛空呵，叫我如何不惆悵？（冰心《我曾》）

詩解

外表很仁厚，生活很艱辛，結局令人大跌眼鏡——這就是他。

宣宗宣德帝

朱瞻基

告訴我，用你銀鈴的歌聲告訴我你是不是預言中的年青的神？（何其芳《預言》）

他本是一個紈褲的「皇二代」、遊戲天子，名聲卻異常的好，白白撿來一個「盛世」。

英宗正統（天順）帝

朱祁鎮

它似乎即將傾跌進深谷裡，卻又像是要展翅飛翔（曾卓《懸崖邊的樹》）

皇帝幹了兩任，前半截糊塗，後半截精明；他的命運證明了：上帝對所有人都公正，我們只需要等待。

代宗景泰帝

朱祁鈺

如殘葉濺血在我們腳上，生命便是死神唇邊的笑（李金髮《有感》）

一個最幸運的人，一個很不幸的人，兩種命運，集合在他身上。

憲宗成化帝

朱見深

看這滿園的欲望多麼美麗（穆旦《春》）

一個一團和氣、至情、多才多藝，而生育力旺盛的人。

孝宗弘治帝
朱祐樘

一道小河，平平蕩蕩地流將下去（冰心《春水》）

他對妻子的愛，漸漸成為傳奇；他本是一個平庸的人，竟也幸運地進入最著名帝王的行列。

武宗正德帝
朱厚照

從明天起，做一個幸福的人（海子《面朝大海　春暖花開》）

他是一個特立獨行之人，戲劇小說就喜歡這樣人，所以經常在戲裡做主角。

世宗嘉靖帝
朱厚熜

完整等於缺陷，飽和等於空虛，最大等於最小，零等於無限（陳敬容《邏輯病者的春天》）

他一生煉丹修仙，只落得一個壞脾氣；但他二十多年不上朝，卻乾綱獨斷，權柄緊握。

穆宗隆慶帝
朱載垕

在擺著無數方向的原野上／這時候，他一身擔當過的事情碾過他，卻只碾出了一條細線（穆旦《線上》）

性格平庸、聲名不顯的皇帝，人們記不得，他在位的六年，是大明王朝最後的餘暉。

神宗萬曆帝
朱翊鈞

這汗津津的一身疲憊，冷冷地包裹著我蒼涼的心　（苗曉《烏騅別霸王》）

眾人皆知他的懶惰，而不知他的痛苦；無論是生前還是身後，他沒有得到任何的同情。

光宗泰昌帝
朱常洛

生命脫蒂於苦痛，苦痛任死寂煎烘　（袁可嘉《沉鐘》）

二十年的痛苦等待，太長；一個月的天子，太短。

熹宗天啟帝
朱由校

多麼快，人生已到嚴酷的冬天（穆旦《冬》）

童年懵懂，遊戲無知，終成婦寺的玩物。

思宗崇禎帝
朱由檢

一切死亡都有冗長的回聲（北島《一切》）

危牆之下，十七年的苦撐，最後只換得煤山頂上的一根槐枝。

前言

這部書二〇一三年七月首發於天涯論壇的「煮酒論史」版，帖名曰「明宮鬧鬼」，它是目前中國圖書市場上第一部全面揭開明代宮廷祕史的著作。

這是我第一次在網路上發表作品，雖說是每日更新，但並非現寫現發表。我直到現在仍然認為，歷史寫作是需要沉澱的，不管是通俗作品，還是學術論著。過去說「搞歷史」是坐冷板凳，正為此意。一部好的歷史作品不是連夜趕工就能夠趕得出來。這部書首發時，全書已經完稿，為此花費了我近一年的業餘時間。然而網路發表就像賣切片蛋糕，巨型磨盤那樣大的一塊蛋糕，卻須一片片切了販賣。如此拿過初稿，修改一點發表一點，每天兩三千字，這種寫作和「發表」，對我來說是全新的體驗。

網路發表作品，作者與讀者直接「面對面」，二十四小時無障礙，這使得作者可以隨時吸收讀者意見，在與粉絲互動的同時，對全文的內容、章節及文風等做出各種必要的調整。在這個過程中，我對該書的框架及發展脈絡有了更為清晰的思路：我決定對內容進行擴展，寫成一個宮廷系列，定名為「明宮揭祕」系列。

網路文章是沒有字數限制的，不僅沒有限制，有時候還多多益善。本書寫下來，全文長達五十萬字，對於一部實體書來說就嫌太長了。故在編輯的建議下，將該書做成三部曲，將已寫成的拆成兩部，分別出版，同時進行第三部的寫作。且因「鬼」這傢伙頗犯時忌，無法做正式的書名，不得不重新擬名。看官朋友，您手中拿的這本書，為「明宮揭祕」系列的第一部，《朱家非比尋常的日常》則是它的大號。

「明宮揭祕」三部曲，在內容上是如此安排的：

第一部以大明王朝男性成員為中心，主要寫明朝皇帝父子、兄弟之間的糾葛與鬥爭，講述的是朱氏王朝的私密血腥家史。

第二部將視角放在朱家的女性成員上，講述帝后的恩愛情仇，揭祕後宮嬪妃以及她們的「外家」皇親國戚們或喜或悲、大起大落的波折命運，其中牽出好幾個大案，都是沒人寫過的，尤請注意。

第三部繼前兩部講明宮的主人之餘，這一部專講那些在後宮「用事」，並且權傾朝野的閹奴們。

這三部作品，獨立成書，又相互銜接，共同編織成一部完整的明代宮廷祕史。

所謂「祕史」，絕非炫奇以招攬生意，「絕密」二字，也非故作神祕，故弄玄虛。看官，包治百病的小廣告貼得滿街巷都是，但有誰把它當皇榜揭？絕密也好，祕史也好，意在表明，我將透過大量內幕史料的發掘，帶領朋友們，一起深入大明王朝的後宮祕境，做一次有趣的、增益見聞的探祕之旅。

天子的後宮，紅牆如林，重門深鎖，對外人充滿誘惑，但到底難以一窺究竟。占據了北京內城中心相當面積的紫禁城（今中國故宮），是整個王朝最為神祕、也最令人神往好奇的所在。中國人最喜歡「圍觀」，可恨的是，我們的目光無法像紅外線一樣，穿透層疊的宮牆，直擊皇帝和他三千佳麗的日常起居，就是爬到北京前門城樓上去也不行！但宮牆只能阻擋人的視線，卻無法阻止人們的耳朵去聽、嘴巴去傳、想像力去神馳，無法阻擋「市井小民」以他們的方式去穿越。自古以來，不斷流傳著關於內廷的種種傳說，有些前代故事還被編入戲曲，廣為傳唱。

但總括來說，宮廷史資料，尤其是信史，非常匱乏。

清初開《明史》館，毛奇齡奉命參與《后妃傳》的撰寫，他馬上遇到這個問題。他說自己「歷探中祕，以為必有異聞畸事，可補疏略」，可謂信心滿滿。然而細查「正史」（包括《明實錄》、《起居注》及其他官方檔案）才發現，書中所記只是些「冊封年時及后妃崩死喪葬諸禮節，而他無所有」。這可怎麼辦？毛先生只好到「外史」（即野史）中去搜尋資料。幸虧他家藏一本《宮闈記聞》，乃以此為綱，再補充一些資料，得以完差。毛奇齡透過抓鬮，得到天順、成化、弘治至正德這一段的編寫任務，待公事畢了，資料還有剩餘，他也沒浪費，編成《勝朝彤史拾遺記》一書。

令毛老先生頭疼的，正是纂修宮廷史必然迎頭碰上的問題：史料不足。如其所言，官修正史中的資料多是些冊封、喪葬禮儀，殊乏鮮活的事例，日常起居之態更是沒有；較為豐富多樣的資料來自野史，然民間記事，很難溯源，真偽難辨。

我的辦法是，資料不足的問題，還得靠努力獲取更為全面的資料來解決，尤其是那些相互牴牾、矛盾的史料，透過細緻分析，使之參互，以確認哪一種記載更為可信。

這樣做有兩個好處：第一，許多看起來疑似難解之謎，由於相關資料的拼接，其原委、關聯、線索就如芙蓉出水一般清晰呈現出來，砉然而解。比如仁宗朱高熾為何失愛於其父？過去多說他因肥而遭厭，恐非正確。本書從靖難之役到永樂年間紛繁複雜的政爭關係中，做細密的梳理，提出新論：仁宗失去他父親的愛與信任，是因為他在參與是否起兵「靖難」的決策時，發表了錯誤意見，一時言語唐突，他為此付出了二十餘年的沉重代價。諸如此類的新觀點、新見解，在本書纍纍而發，層出不窮，請看官鑒之。

第二個好處，使我們在觀察、認識一些歷史人物或事件時，升至應有的高度，而不會陷入瑣碎的資料，泥於陳說，無所發現。

這方面最典型者，莫如我綜合各說，對建文帝生死之謎做出的判斷。本書第一次揭示明成祖朱棣以及仁、宣三代服食丹藥的真相，進而討論明代宮廷「吸毒」的家史，指出明宮中頻繁出現的「鬧鬼」現象，既是殘酷宮闈生活的表現，也與帝王們沉溺於道教修合燒煉之術密切相關。本書所展現的眾多史事，不少都是第一次集中論述（如成祖三子爭嗣、宮廷鬧鬼與剿鬼等），其觀點與結論多屬獨見，讀者在本書中絕不會看到任何的重複襲說，或言不及義的胡扯。

可以說，我透過大量資料的細密分析，找尋到一道深入歷史現場的「後門」。

而這個後門，不是隨便哪個歷史寫手都能隨意開啟的。因為作者必須掌握豐富的史料，對相關問題素有研究，擁有強大的研究背景—而我作為一個歷史研究者的優勢，於此得到淋漓盡致的彰顯。在寫作過程中，我用一個詞形容自己的感受：痛快！新史料、新見解，層層疊疊、源源不斷，占據了本書的主要篇幅。

我是一名學術研究者，雖然在這之前，為《紫禁城》、《看歷史》等多家大型文史類期刊供稿，撰寫一些幾千字的短文，幾年下來，篋內也積了十餘篇。但如前所言，以連載的方式和以那樣長一個篇幅完成一部通俗歷史作品，卻是第一次。當我嘗試著跨界，利用自己的專業知識，在網路發表一部有關明代宮廷史的通俗讀物時，發覺自己首先必須走好平衡木。

我所受的專業訓練是學術的。而學術論文的寫作，唯求其創新與規範，包括行文風格、注釋、文獻引用等，而不存在讀者看不看得懂或取悅讀者的問題。而當我寫這樣一部通俗作品時，我不得不在文風上、表達上做出必要的調整，以方便讀者流暢地閱讀。史蒂芬．霍金在寫作《時間簡史》時說過，一本通俗讀物中每多出現一個公式，都將會使銷量減少一半，即便那公式出自愛因斯坦之手。對於這部書來說，「公式」就是文言文。為此，我盡量把所引用的古文融入到論述中，或者做現代語的翻譯，這既是為了降低閱讀門檻，也是為了保障全書文風的一致性。我時刻提醒自己，可不要把一個有趣的「後宮」主題，寫成一塊令人難啃的麵包。

有意思的東西，必須用有趣的方式表達出來，我希望每一個詞都浸注更多的深意，冒出趣味的泡泡。但是否達標，還請看官鑒定！

我寫這部「明宮揭祕」系列本書，獲得了許多編輯及學界朋友的鼓勵和支持。一些出版社編輯在與我分別交流時，表達了一個共識：如今在網路上發表的通俗史文，多乏深度，文筆也雷同，這類作品在經歷了它的狂飆突起之後，實際上已然退潮。他們認為，學者放下身段來為大眾寫作，才是大勢所趨。我新近結識的一個朋友，做了一個很通俗的比喻：「通俗史文這個領域，有產階級不去占領，無產階級就去占領了。」他說的「有產階級」，指的就是那些對歷史真正有研究、有自己的觀點、掌握大量史料的學者。人們讀史，最終是想獲得知識與啟示，但其前提是，他們手捧的讀物，必須是真正有價值的。

本書在天涯論壇首發後，得到了許多讀者朋友的熱捧，並在當年天涯論壇十大作品的網路票選中進入前十。我特借此地對朋友們的厚愛表示感謝，希望得到你們的繼續支持，我將在史海奮臂鼓浪，為讀者朋友們奉獻出更多、更好的作品。

目錄

借詩點評明朝十六帝
前言

第五卷 三雄爭嗣

第三十八章 仁宗非不能也，只是不屑……018
第三十九章 一次失誤，二十年補報……026
第四十章 燕王的鬍子有說道……033
第四十一章 帶著神相打天下……042
第四十二章 太子之位，塵埃落定……049

第四十三章　唯有父子情，一步一回顧……055
第四十四章　善守者終於擊敗了善攻者……064
第四十五章　殺死皇帝，擁立三皇子！……074

第六卷　同氣相殘

第四十六章　一年間帝位三易……088
第四十七章　漢王學老爸，也反啦！……097
第四十八章　宣宗：叔叔們，我來啦！……106
第四十九章　做王爺，必須抗壓性好！……117
第五十章　晉王鹹魚大翻身……124
第五十一章　好「漢」銅缸化作灰……128

第七卷　服毒家族

第五十二章　帝王「三字經」……136
第五十三章　仙藥不服，服凡藥耶？……142
第五十四章　《1000種死法》，仁宗一人占了四種……150
第五十五章　仁宗給景帝帶來一簾驚夢……157
第五十六章　紫禁城：吸毒大院兒……161

第八卷　明宮鬧鬼

第五十七章　洪武宮裡，巫蠱案疑雲……174
第五十八章　鬧鬼不休的大明朝……180
第五十九章　又一個想得天下的和尚……192
第六十章　姓李的不得了……197

第六十一章　紫禁城，最大的凶宅……207
第六十二章　最糟糕的死法：被宮女勒死在床上……213
第六十三章　這裡有鬼！……228
第六十四章　人鬼「弊」未了……234
第六十五章　請關羽來伏魔……244

第五巻

三雄爭嗣

第三十八章　仁宗非不能也，只是不屑

歷代開國之君，除了少數幾位是從前代禪讓得來的，多是「馬上得天下」（其實早在「三代」，禪位已需以武力做後盾）。朱棣也是大砍大殺掙下的基業，但他不算開國，只能算開房。何以叫「開房」？因為朱家的皇位，原屬長房朱標這一支，四爺燕王位下，本沒有份，但被他硬奪過來，從此皇位由長房轉入第四房，所以是開房——開了他第四房的幸福歲月。

朱棣的確是流血流汗打出來的天下，但亦只能說他「馬上得了侄子的天下」，而不可遽稱「得天下」。朱棣死後，得到「太宗」的廟號，諡曰文皇帝。與他仰慕的李世民同諡，應該很令他稱心了。但到嘉靖時，又給他升了格，尊為「成祖」。一般廟號稱「祖」的，都是開國奠基之君，除非特別逢迎拍馬，如清朝的「聖祖」康熙帝。

朱棣不過是一位開國王爺，奪了嫡派的大位，奠了第四房的新基，冠以「成祖」二字，多少不稱不類，說起來還有諷刺之嫌——他「成」的這「業」，有違倫常，有什麼好吹的！

順帶說一句，嘉靖帝那麼做，有他的私心。因為嘉靖他爹興獻王朱祐杬（憲宗子，封興王，獻是諡號），是孝宗皇帝的庶弟，本來也與皇位無緣，幸喜孝宗之子武宗無嗣，而興王這一支與帝室戚屬最近，所以得了便宜，由興獻王之子朱厚熜繼了大位——這位嘉靖爺與朱棣本為同命，都是個王爺造化，不小心竟化魚為龍，養成了天子的大福分。朱厚熜即位後，一心推尊其父，由王（興獻王）升為帝（興獻帝），由帝又升入宗廟稱宗（睿宗），於是太廟的牌位叢中又多了一塊神主木牌，這塊金字漆牌竟然還插隊，搶到武宗前面。睿宗終身只是個王爺，與武宗分屬君臣，誰知在他死後，由兒子幫忙，竟在陰間占了武宗的先。這麼明目張膽違反禮法之事，自然令廷臣大大的不滿。

朱厚熜為了行己之私，減少沸騰的物議，便隆隆重重地給「太宗文皇帝」上尊號，稱為「成祖文皇帝」。朱棣此時「升天」，等於是被他五世孫射出來的一枚躲避飛彈攻擊的干擾彈。

話不可枝蔓，仍回到明初，且說朱棣的長子名高熾，洪武十一年（一三七八年）七月二十三日生於鳳陽，他比皇太孫朱允炆小一歲，而比許多皇叔都要年長。那時他父親燕王還不到二十歲，沒有就藩，正奉太祖之命，與秦、晉等王在老家鳳陽訓兵。

在將士們每日訓練的喊殺聲中，高熾呱呱墜地，卻不想，他卻是一個文縐縐的文士。

看官，可還記得，朱棣為何獨得其父母的偏愛？緣因馬皇后做的一個佳夢，讓老四兒子撿了一個大便宜。老四房的人愛做預兆之夢，似乎是家傳本事。據說，朱高熾出生的那晚，他母親徐氏也有異夢，只見一人，頭戴冠冕，手執玉圭，望她便拜，徐妃一驚，便醒了——隨即孩子也落地了。

《明仁宗實錄》裡寫的這個情節，實在有點敷衍了事、不清不楚。好比這位冠冕執圭者，如果是來投胎的，總得開門見山，先通個名諱，才好往媽媽肚子裡撲呀！如果不是來投胎，或是仙界某位頑皮的尊神，知道徐妃要生一位統御天下的大貴人，特別來走捷徑，套交情，也得說兩句明白話呀！如何屁股一撅，胡亂拜一下，把人家驚醒就跑的？

也不知是實錄的纂修者太馬虎，還是這位尊神太唐突，總之我們從這個故事裡沒有感受到仁宗的「落草」有何神異之處；反不如寫其父（朱棣）之生，「光氣五色滿室，照映宮闈，經日不散」，或寫其子（宣宗朱瞻基），「眾望見光氣五彩，騰於宮闈之上」，來得精神異常，彩頭十足！

我猜，《明仁宗實錄》的纂修者，本意是要寫一位前代帝王，捧執代表天命的大圭，親手傳授給這位待生的貴子。圭是古代祭祀時帝王所持之物，具有皇權的象徵意義。譬如《明宣宗實錄》在寫宣宗之生時，就很費了些筆墨，製造了這樣一個情節：

宣宗朱瞻基於建文元年二月九日生於北平燕王府。那時，為朝廷削藩的事，正滿府惆悵憂懼，燕王頭孫兒出生的喜興也被抵消了許多。

然而在宣宗出世的前一晚，他爺爺燕王朱棣做了一個夢，夢中太祖朱元璋將一塊大圭交到他手裡，對他說：「傳之子孫，永世其昌。」朱棣恭謹下拜，將大圭接到手裡，馬上就醒了。

那時朱棣還未起兵，正是天下太平，四海想治，豈料太祖老皇爺不辭辛勞，從南京孝陵地宮的大棺中，飛到幾千里外他老四燕王的夢裡，傳他大圭。朱棣此時正處危難，彷彿那位丹麥王子哈姆雷特，整日裡念叨：「生存，還是毀滅，這是個問題！」猶豫不決。這個夢來得正當其時，其中的寓意和鼓勵意味再明白不過了：以大圭相贈，不等於將天下舉手相授嗎？

朱棣將這個詭異的夢告訴妻子，徐妃立刻說：「這是子孫之福啊！」

恰好這時世子派人報喜信來了，說得一子。剛剛做了一個福及子孫的異夢，馬上就得添丁之訊，朱棣自然把大圭與這個新生兒聯繫起來：莫非老父親說「傳之子孫」，就應在此兒身上？

孩子滿月那天，徐妃抱來給朱棣看，朱棣看著自己的長孫，樂不可支，叮囑徐妃說：「這孩子有天日之表，且英氣滿面，與我前夢正符，你好好看視他。」天日之表，等於直說這孩子有帝王像了，還生怕照顧不周，交代王妃奶奶親自照看。

瞧，多麼活靈活現，彷彿真事一般。纂修者是動了很深的心思的，不僅論證了宣宗繼位的天命，還把朱元璋請來做見證，證明燕王造反，其實是受了他的鼓動——然則，老皇爺豈不成了汙點證人了？

相形之下，徐妃生仁宗時做的那個夢，就太欠發揮了。宣宗要生時，是爺爺親自來送圭；仁宗生時，卻不知是何方神聖，拿的是塊什麼石頭板！確實是描寫不工，塗彩不足。這有可能是朱棣、朱高熾父子死亡時間太近，前後僅相隔一年，太宗、仁宗兩部實錄一起修，對仁宗這部，未免有些不夠用心吧！

總之，在「靖難」勝利那年的春節，當老四房一家人和樂融融地在乾清宮過年祝酒時，他們說的最多的一定是：「我們是為了一個共同的夢，才走到今天的！」

撇開宣宗，先說他父親仁宗朱高熾——

高熾誕降之時，初為人父的朱棣一定愛極了這孩子，把肉團兒抱在懷裡，久久不釋。不料這孩子長大後，還是粉嘟嘟、肥囡囡，一副胖頭胖腦的憨模樣，父親便不太歡喜了。朱高熾成年後，體型異常肥碩，很多史料都說，他因為體肥，不能騎射，還有點跛足，因此轉而專修文藝。

對此輿論，官方必須做出回應。

「帝自幼端重沉靜，言動有經。」

《明仁宗實錄》介紹了高熾的性格，接著講他的藝能：「仁宗四、五歲時，在宮中聞讀書輒喜，自是書冊翰墨不去手。稍長，開始習射，只學了幾天，輒造精藝，發無不中。」發無不中，就是傳說中的百步穿楊、箭無虛發。仁宗怎麼才幾天，就達到這樣高的修行呢？仁宗左右也向萬歲爺請教了：

「何若是巧也？」

「心志既正，無難者。」高熾答道。

雖然高熾善射，有后羿、李廣的風采，甚至可能比後者還厲害，因為前代名射手無不經過勤學苦練才成材，而仁宗卻是不學自通，三兩天就成為一位名家。他的竅門也很簡單：心正。

但高熾並不以此自得，「絕口不自矜」，從不對人誇口，吹噓自己箭術如何了得。實錄解釋說：

「仁宗對於騎射及其他奇巧之物，只不過順手玩弄一下，並非出乎性情的喜好，他所好者，只是學問，每日都和儒臣們一起論說，樂此不疲。」

原來朱高熾視騎馬射箭只如「奇巧」，玩票性質，顯顯本事，讓大夥見識一下聖能，就放下了，他自弱齡即秉持儒家「心正」的要訣，絕不會玩物喪志，動搖其向學之志。有趣的是，乾隆帝弘曆曾有一段與之相對的話，謹錄之，算作個對兒吧，乾隆說：「滿洲風俗，素以尊君親上、樸誠忠敬為根本，而騎射之外，一切玩物喪志之事，皆無所漸染。」風尚如此不同。

在我看來，《明仁宗實錄》中這段文字，其實是對仁宗的弟弟兼政敵漢王高煦善於騎射做出的回應，它傳達的「微言」是：馳射算什麼！吾聖祖非不能也，瞧，他才學兩天，乖乖厲害，已為一代神射手；只是在聖祖看來，那是小技，學問才是大事，懶得理你（高煦）呢！如果再有人懷疑我們的皇上胖得連馬都上不去，請你們就不要再信謠、傳謠了，當以官書所記者為準！

洪武二十八年（一三九五年）閏九月，朝廷授金冊金寶，封朱高熾為燕王世子。世子是親王之國的合法繼承人。朱元璋將秦、晉、燕、周四王世子招到南京，親自教訓，並提供一些機會，讓他們實際參與政事的處理。

有一次，命世子們去檢閱皇城四門的衛士，秦、晉、周很快回奏交差，唯獨高熾遲遲不歸。朱元璋疑惑地想著：「這孩子體胖，步子遲重，且再等等。」

待高熾來繳旨，朱元璋忍不住問他為何獨遲？

高熾道：「天早，冷的慌，我等衛士們吃過早飯才閱視，所以遲了。」

殺人魔頭非常高興，稱讚道：「你能體恤下人，真是善體吾心啊！」

朱元璋又命世子們分閱中外奏疏。秦、晉等世子不分輕重，不拘小節，遇個事就鬧哄哄地胡亂議論；或者抓住奏疏裡一二個錯別字，就以為自己眼力毒，很了不起。唯獨朱高熾只留意那些關係兵民疾苦與宗社的大事，並有針對性地提出自己的意見，而對字詞的錯謬，一般都不指出來。

朱元璋以為是他的疏忽，提醒他注意。朱高熾說：「孫兒不敢馬虎，只是這都是些小過失，不足以上瀆天聽。」朱元璋感嘆道：「這孩子真有人君之度啊！」便問他：「我聽說，堯時有九年的大水，湯時有七年的大旱，當時百姓為什麼能活下來？」這正好問到高熾的書袋裡去了，他馬上答道：「唯仰仗聖人的恤民之政。」朱元璋聽了哈哈大笑，連誇他答得妙。

從朱高熾在祖父身邊試政的經歷來看，這位好讀書的世子，的確收到了讀書之效。因為他是個儒雅向學的人，所以與同樣尚文的皇太孫朱允炆很談得來。這本可成為一件美談佳話，沒想到後來兩家決裂，打起仗來，高熾與皇太孫「相善」，竟差點害了他。

《明仁宗實錄》說，朱元璋很欣賞高熾，「自是益見重」。然而朱高熾已經是燕世子，再加看重，又能如何？還不是回到北平，安心做他的世子，等待將來接位做燕王。若不是「靖難之役」的發生，這將是包括朱高熾在內的許多人的宿命。

第三十九章　一次失誤，二十年補報

在三年多的靖難之役中，作為世子的朱高熾，一直奉命在北平「居守」，是有很大功勞的。

當時精銳都隨朱棣出征，留在城內的多是老弱，城守較為空虛。在戰爭初年，朝廷數十萬大軍幾度圍城，一度非常危急，據說燕王妃徐氏不得不親自率領婦女上城助守。朱高熾對於自己的職責非常用心，凡事向熟悉軍旅的老將請教，或諮訪有才識的文吏，推誠相待，很得將吏與士民的心。

一些重要的舉措，他不自專，先稟過母親，然後再施行。每天四鼓就起床理事，一直到次日二鼓才歇息。左右勸他多休息，不要用勤太過，他說：「君父在外，身冒艱險，做兒子的豈可優逸？且北平是根本之地，敵人所必得者，豈可不用心備禦！」

雖然朱高熾沒有隨軍作戰，立下斬馘之功，但若不是他在後方督治守備、整治守禦之器，鼓舞士氣，撫綏兵民，北平一旦失守，燕軍失巢，將遭到徹底的失敗。

然而，守禦、調度之功畢竟不像突陣殺伐那麼一目了然，漢代的蕭何、明初的李善長，效的都是這等不顯山不露水的力，待大事已定，皆被推為功臣之首，仍不免非議。當靖難之役勝利以後，燕王朱棣換上龍袍，做了天子，對世子高熾是否功高，未有定見，這表現在他遲遲不肯冊封高熾為皇太子上。

本來，燕王既然做了皇帝，世子隨升一階，立為太子，是順理成章之事。且不論世子有功無功，最起碼他沒有失德，或有明顯過失，就應該立即冊封他為新皇朝的繼承人。太子是國家之本，朱棣久不立儲君，讓人開始擔心，皇上是否有易儲之心？

朱棣在「正大位」之後，不召世子來京，卻以北平地大民多，又是藩邸之舊為藉口，命世子仍留北平居守；而那位企圖謀奪儲位的次子高煦，卻隨皇上在京，日日在駕前盤旋。這一親一疏的表示，加劇了人們的疑慮。而朱高煦得近水樓臺之便，爭嗣的動作更加活躍起來。

我不大相信，僅僅因為朱高熾「體肥」、「不類己」，朱棣就那樣討厭他。我懷疑，當建文帝即位之初，朝廷步步緊逼，燕府闔宮驚懼、不知所出時，高熾曾向他父親進言，建議不作武力反抗，聽從天子「公正」的處分，相信朝廷總會還我公道，若我起兵，奸人的誣告反而坐實了。這樣的迂見，當然不得朱棣欣賞，視其為軟弱，並進而懷疑世子與建文帝有舊誼，他慫恿自己束手待擒，是企圖提前登上王位。此念一起，骨肉之間，就生出大大的裂痕來了。

朱高熾的失誤在於，他忘記了政治的要義在於態度，尤其是在危機面前，鮮明的態度、堅定的擁護和誓死的捍衛，才是獲得並強化信任的根本；這時，不是發表一己之見的合適時機。

遺憾的是，那時高熾手下還沒有一群得力的輔臣替他出謀劃策，他憑心而動，對父親說了不該說的錯話，為此付出沉重的代價，此後二十年，他長期遭受皇父的猜忌和打壓，地位屢屢發生動搖。

所幸的是，朱高熾在立為太子後，東宮有了一批忠心、智慧的臣僚，在他們的扶持下，朱高熾歷盡磨難，屢危而安，終於用他的柔順和克制，擊敗了競爭對手，順利地接過了皇位。

然而，當父親將勝利的旗幟插到南京的城頭，卻將他留在北平，並且拒絕給他應有的名分；父親已經登極做了皇帝，但他還是一個世子，這簡直是公開的羞辱。在近二年的時間裡，朱高熾計無所出，只有惶恐地等待叵測的命運。

封朱高熾為世子，完全是朝廷按照嫡長子繼承的定制強行安排的，燕王本意如何，在此不發揮任何作用。朱元璋認為，繼承制度關乎皇朝萬世的穩定，不容有商量的餘地。如果沒有靖難之變，朱棣對此也不必費神。而如今形勢大變，他已經做了皇帝，立誰為儲君，由他說了算，他開始猶豫不決起來。

一邊，是他極為不滿的世子高熾，一邊，是在送他登天的勝利中立下戰功的二兒子高煦，他心中的天平發生了傾斜。

朱高煦在靖難之役中作戰賣力，得到許多靖難功臣，也是新朝實力派的擁護，奪嗣之心益加勃勃。

高煦常拿一位古人自況，覺得自己就是當世的唐太宗李世民。想當年唐高祖李淵起兵，老大皇太子李建成也似今日的長兄朱高熾，只做了一個沒用的「守成」；東征西討，立下汗馬血戰之功的，是二兒子秦王李世民。天下之功本出秦王，天下就該秦王來坐！李建成不過仗著年長幾歲，僥倖占了個嫡長之位，就以正統自居，而天下之人也都以他為正統，這太不公平了！天下公器，當有能者居之。玄武門之變，並非秦王弒兄殺弟，而是不識相的建成等人自找的晦氣。

這是朱高煦的史觀。他自認為英武，最像唐太宗李世民：天下，李世民坐得，我如何坐不得！

在永樂初年，高煦的實力和在朝的影響力，似乎也遠出高熾之上。

在他的「天策府」裡，匯聚了眾多「好漢」，如位居靖難武臣第一位的淇國公丘福，以及駙馬永春侯王寧（他姑父，朱棣的妹夫）、富陽侯李讓（他妹夫，朱棣的女婿），都是他的座上賓。

他姐姐永平公主，毫不隱晦地站在他一邊，共同反對長兄高熾。永平公主是李讓的老婆，他一家人都是高熾政治上的反對者。高熾即位後，以「在先帝時有逆謀」的罪名，將其子李茂芳廢為庶人，並祕密處死，已經去世的李讓，其爵位及三代誥券也遭追奪。我們由仁宗報復之慘，可知他們結下的仇恨有多深。

闔門議事時，高煦常憤然而起，撩起衣襟，指畫舊傷，與一干靖難同袍共同緬懷浴血奮戰的「戰鬥情誼」，而抱怨父皇不早立他為嗣；他總是奮臂高舉，藉機露出兩腋請大家看，只見那裡若隱若現長著幾片龍鱗一樣的東西，聽眾人咄咄稱奇，高煦的心便如一條飛龍，騰雲駕霧而去。

丘福在永樂初年，是權柄煊赫的人物，在靖難武臣中，他功列第一。建文四年九月，朱棣入京不久，即論功行賞，大封功臣。新朝的勳貴大人，統被稱為「靖難功臣」。說起明代的功臣世家，主要就是這些人；而開國的功臣，傳世的僅僅三家（魏國公徐家、黔國公沐家、武定侯郭家），其他的不是被族誅，就是削爵絕封。靖難功臣封公者二人，一個是丘福，封淇國公，另一個是朱能，封成國公。這兩人都出身燕王駕前燕山護衛；還有一家定國公，原本是都督徐增壽的追封之爵，因為徐增壽「死的偉大」，朱棣特賜給他家，成為世爵。其他靖難武臣，封侯者十三人，封伯者十一人。

以上是參加靖難的將領，另外還以「款附」（說白了就是投降）功，封駙馬王寧為侯，兵部尚書茹瑺和都督陳瑄、王佐三人為伯。

三位新「伯」中，平江伯陳瑄是個徹頭徹尾的可恥叛徒，當燕兵逼近江北時，他受命統帥舟師，負責長江防守。朝廷就剩下這最後一道防線了，陳瑄擔任此職，可謂重寄。結果他臨難變節，率水師反水，反為燕軍渡江之助。朱棣大為感激，回贈以「平江」之伯。

在以款附、擁戴之功受封的四人中，唯有陳瑄的平江伯得以傳襲，茹瑺和王佐，作為建文朝的文武重臣，曾以使者的身分隨李景隆赴燕軍大營議和，他們的「辛苦」，至此得到回報。但好景不常，分別於永樂三年（一四〇五年）和七年（一四〇九年）「有罪下獄死」，皆不得善終——閻（燕）王爺的便宜，不是好賺的！

且說駙馬爺王寧以「款附」得封侯之賞。王寧是朱元璋第六女懷慶公主的丈夫，既是建文帝的姑父，也是燕王的妹夫，兩家近親打起架來，他選擇支持燕王。

前文說到，懷慶公主是孫貴妃之女，孫貴妃作為周王的養母，公主自然與他親近。建文帝大力削藩，首先拿周王開刀，公主一家肯定同情周王的遭遇，而對朝廷不滿。王寧便做起情報工作，「泄中朝事於燕」。結果行事不密，情報站遭到朝廷破獲，他因此下獄，家產也被籍沒。

受到建文帝「迫害」的王寧，與「死難」的徐增壽，對於因叛逆而興的永樂王朝，具有寶貴的「忠義」價值。朱棣所重王寧者，正在此點，故不惜以封侯作表彰。王寧在永樂初期，也是炙手可熱的人物，對皇帝具有一定的影響力。

在永樂朝的新貴中，丘福、王寧、李讓等一批勳戚都公開支持二王子高煦。他們見朱棣登基後，沒有進封世子高熾為太子，而是將此事長期擱置，無論群臣如何以「國本」為重，多次請求立高熾為皇太子，都被他搪塞過去；與此同時，朱棣卻裝出一個願意傾聽下情的姿態，向百官徵求冊立太子的意見。太子是現成的，還用議嗎？他分明是在試探更擇他人為太子的可能性。

投機家們探知世子不為皇上所喜，以為他定然與儲位無緣，於是齊心擁戴二王高煦。他們除了私底下向高煦表示效忠，更經常地在朱棣駕前誇二王子功高，希望推動朱棣做出決策。

一時間，京城裡議論紛紛，都說虛懸的儲位，早晚要落到二王子朱高煦身上。

第四十章　燕王的鬍子有說道

但是，朱棣突然做出一個令所有人意外的舉動，他下令讓高煦離開南京，去北邊開平、宣府等地操備屯田。永樂元年六月，因為高煦的隨從遭雷擊身亡，朱棣認為是不詳之兆，一度將他召回，但不久復命他回開平備邊。

皇上是何用意，難以猜測，然而此舉所造成的一個事實，卻是顯而易見的：高煦不能再留在京城呼風喚雨了；而他一離開，以他為中心的「天策府」立刻癱瘓，無法運作了。這是對高煦的重用，還是疏遠？誰也不敢輕易下論斷。

京師浮華之地，素來是投機政客的集聚之地，但他們現在面臨一個巨大的疑難：將要登臨儲君之位的，是長子高熾，還是次子高煦？兩位王子，誰的勝算更大一些？現在來看，形式愈發變得撲朔迷離。

在京師的茶館酒肆裡，在投機客的密室裡，在朝房官衙的每一個角落裡，關於未來的儲君是誰，永遠是人們紛紛熱議的話題。

朝臣之中，像丘福、王寧、李讓這樣公開支持高煦的人儘管是少數，但是，因為他們地位特殊，容易讓人猜測，他們代表了「聖意」，其態度無疑具有強烈的示範效應和風向標作用。然而多數投機客們都神明一點，即在選擇效忠對象這件事上，每個人只有一副籌碼，一旦押錯了寶，投錯了地方，對其仕途造成的威脅，將是致命的，必須慎之又慎。

然而，就在高煦被打發到開平去不久，二爺黨的重要成員駙馬爺王寧突然失寵了，這不禁令人產生豐富的猜想。

事情的起因，據傳是因為王寧好佛，屢次勸皇上誦經飯僧，為太祖資福。而皇上本是道教玄武上帝的崇拜者，二人在信仰上，根本尿不到一個壺裡。王寧動不動念經，令皇上大為不快，久之恩禮漸衰，開始疏遠他了。

這是外傳的資訊，再具體的情形就無從知曉了。而皇上的不快似乎也不是一時之忿，轉眼就忘，就在王寧恩衰，被禁止入宮後不久，他突然被抓了起來。

許多人都瞪起眼孔來看，到底是怎麼回事？腦筋轉得快的已在大膽猜想，這是否是二王子失寵的先兆？二爺才離開沒幾天，他最為忠實的信徒即落了大獄，其中必有隱情！

再看王寧，吃了幾天牢飯，就被放了出來，有驚無險，並無大礙。人們又推翻了先前的判斷，認為皇上對王寧還是始終保全的，此番下獄並無深意，不必過度解讀。

王寧不久就死了，他的爵位雖然來的便宜，畢竟也是真金白銀，實實在在的。世券上明明白白寫著：此爵世襲罔替，傳之無窮。但王寧一死，朱棣卻不再提他家襲爵的事，禮部也不執奏，於是王家的永春侯，才一世就斷了。然後是仁宗即位，與王家是對頭，王寧和公主的後人只好乾瞪眼，哪敢申訴？從此只能在羽林衛掛個僉事的頭銜吃乾俸。

比起京城那些觀時事、察風向的投機客們，朱高煦孤零零地坐在開平城內，心中那份悲涼和苦楚，更是難以言表。開平還在北京以北數百里的塞上，再往北就是茫茫大漠了。曾幾何時，這位炙手可熱的儲位競爭者，竟淪落到比他不得志的長兄更為「苦寒」的地步！高煦也搞不明白到底是怎麼回事。失意之餘，他心火如焚，卻又百無聊賴，無措乎手足。

高熾和高煦兩兄弟都在北方翹首以待，焦急地等待父皇遣使來召，並帶來他們期盼已久的好消息。然而儲位的疑雲，籠蓋在南、北兩京之上，只見霧氣蒸騰，雲山霧罩，卻誰也摸不準朱棣的葫蘆裡裝的什麼藥。

其實，朱棣也在做激烈的思想鬥爭。

擇嗣之事，太重大了！他必須綜合考慮所有的因素。朱棣是一個迷信天命的人，碰到疑難，他首先要向老天爺請教。然而，天子雖號稱天之驕子，但「父子」之間對話，仍得透過「仲介」——這些人在上古，是巫覡，而在中古的晚世，則主要是一些方士。明朝的皇帝，最信的是羽流和方生術士，如扶乩、捉鬼、煉丹、修仙等等，且放後文再講。此處單說朱棣在諸般術士中，最信相士。

相術是相人術的簡稱，包括相面、相聲、相形態、相手足四類，其中最主要的是相面。相術是中國傳統占卜術的一種，它的理論基礎是：人們的性格以及禍福壽夭，都體現在他的面容和形體之中，如云「蜂目而豺聲，忍人也」，就是說這個人長著一雙蜂眼，聲音如豺狼般，一定是個殘忍之人。相術以「相」鑒人，故而又稱風鑒術。中國的相術與西方的顱相學頗有相通之處，它實際上是古代神祕世界觀的表現，早在先秦時期，就已非常普遍，《左傳》、《國語》等書中都載有許多相面的例子。相術在傳統文化中，在社會各階層的觀念中，其影響之巨大，遠比更多時候只是掛在嘴頭的孔孟之道要厲害。

朱棣就是一個相術的愛好者，他經常利用相術的判語來做決策的參考，而他最為深信的相士，是袁珙、袁忠徹父子。

袁珙，字廷玉，號柳莊，人稱柳莊先生，或袁柳莊、柳莊神相。袁珙是浙江鄞縣人，元末明初的著名相士。傳說他「生有異稟，好學能詩」，年輕時遊歷湖海，在海外洛伽山遇一異僧，授之以「相人訣」，乃成為他發跡的起點。

袁珙就是比一般人幸運，那所謂的海外洛伽山，並非瀛洲、蓬萊一類縹緲不定的仙山，它就在今天中國浙江省舟山市普陀山東南約十里的一個小島上，當時香火已盛，與普陀山齊名，每天香客遊人如織。

可是啊，那麼多人來燒香禮拜，求神問佛，都只遇到賣香的、算卦的和收門票的俗僧，偏偏袁先生遇到一位異僧！令看官中的豪客大呼不平：「某不才，亦曾壯遊無數名山大川，何以一個異人都未曾遇到？」

如果看官中有這樣的「（牢）騷客」，我只好一怪你沒有「異稟」，二怪你太糊塗，書讀得太實在。各位，難道你相信張良順便過個橋，就有一位奇人等著他，好授他兵法，成就他一生事業？張良替老翁提鞋的故事，多半是後世推拿師傅「捏」出來的。這類事情的邏輯，其實應該倒過來看：先有了張良的事業，才有黃石公授他兵書的事。袁珙也是同例：先有了袁先生的名滿天下，才有人費心，替他編出一個遇異僧授法的故事；或者乾脆就是袁先生自己編造的，以增加他那一套把戲的神祕感。當代不是還有「大師」嗎？看官請考察一下，他們是如何編造自己強大功力的出處的？總歸脫不了一個「異」字，不是碰到異人，就是曾有異遇。

且看那位異僧傳授的相人訣，袁大師是如何練的：

「先仰視皎日，目盡眩」，此為第一步，就是午間日盛時盯著太陽看，看到「目盡眩」為止，網路上有人將這種與酷暑驕陽的抗爭稱之為「抗日戰爭」。

然後是第二步：在暗室中分辨紅、黑二色豆子。

第三步：把無色絲線掛在窗外，憑著月光辨其顏色。

以上三步走完，等到眼神好到不會犯錯，就可以相人了。

袁先生就是這麼說的，然而，我要揭發：此計何其毒也！若有好學之士照這辦法去練，才到「目盡眩」這一關，差不多就要瞎了，哪裡還能辨什麼絲、豆？不過你瞎了，他自有話講：誰讓你沒有「異稟」，自不量力的？

記得小時候讀過一個故事，寫后羿如何苦練箭術，成為一代神箭手，他的方法也是死盯一樣東西看，等到眼中蒼蠅如車輪、螞蟻如磨盤，就無射而不中了。少年的我，竟然信了，每日練眼力，最後練成一對近視眼才甘休，至今還懊悔沒異稟哩！

其實都是胡鬧。不過我總算明白了，為何袁大師只有一個成名的弟子，那就是他親生兒子袁忠徹，肯定別有祕笈暗授，他愛子才不學那一套呢；而其他弟子，束脩（學費）交了，當也上了，大概都被他害瞎了眼，改行做推拿、算命去了。

總之，自古騙人的法門，圈套就那幾種——好比仁宗皇帝不練而成，后羿瞎了眼亂練，最後都成為神箭手——就看你信不信，往不往圈套裡鑽。

袁珙說，只有基本功練成了，才可相人。他的相法是：「夜中燃兩炬，視人形狀氣色，而參以所生年月，百無一謬。」即在夜裡點兩支火炬，借火光察人形體氣色，同時參以他的生辰八字，如此這般，袁老師一出手，就不會錯了。

袁珙這套獨門絕技，在元朝即已相當知名，判人死生禍福，無不奇中；他預測人的禍福，甚至可以精確到某時某日。只舉一例：洪武中，他在嵩山寺遇到一個和尚，開口就道：「您可是劉秉忠一類的人物，請幸自珍重吧！」劉秉忠是輔佐元世祖定天下的功臣，然而當時天下已定，這位和尚去輔佐誰定天下？若往深裡究，豈非預言天下將要大亂，只待這禿廝來重定？然則命世之主將為何人？簡直是狗膽包天的妖言大話嘛！

想必聰明的看官已猜出來了，那和尚不是別人，正是靖難第一功臣姚廣孝，法名道衍的便是。他預測姚廣孝將輔佐朱棣，重開天地，已為後來的事實所證明。他哪裡是神相，簡直是神仙！袁珙的相人術，至今無傳，只留下許多神奇故事，其中最重要的，都與明成祖朱棣有關。

袁珙與朱棣的中間人，正是姚廣孝。

洪武十五年（一三八二年），姚廣孝作為欽選的高僧，隨侍燕王北行，來到北平。他隨後將袁珙推薦給燕王。朱棣起初不太信袁珙的本事，想考驗考驗他，遂找來九個長相與他相似的衛士，一起操弓掛箭，突然出現在大師面前。袁珙並不知燕王在內，但一見之下，即向前倒拜道：「殿下何輕身至此！」衛士們假意笑他，說他認錯了，袁珙越發諫得認真。燕王這才相信，袁珙這對招子，果然是火眼金睛。馬上在宮中接見他，請他好好給自己相相。

袁珙諦視一番後，稽首再拜，說出下面一段話：

「殿下太平天子也！龍形鳳姿，天廣地闊，重瞳龍髯，二肘若肉印之狀，龍行虎步，聲如洪鐘，實乃蒼生真主也。」

他預言：「但年交四十，鬚長過臍，即登寶位。」

什麼龍呀鳳呀，漫天飛舞，最後竟許了燕王一個「蒼生真主」的命（相對於真主的偽主，自然是未來的建文帝了）！他篤定地說，燕王在四十歲上下，鬍鬚長到肚臍那裡，就可以登基坐殿了。

袁珙此番北平之行，還帶來了他的兒子袁忠徹，因為「看日、辨豆」的基本功紮實，也成了相術高手。一日燕王宴請北平文武官員，暗令袁忠徹相之。如果說袁珙是喜鵲，那他這位公子就是烏鴉了，張口即無好話，他說都督宋忠面方耳大，身短氣浮；布政使張昺面方五小，行步如蛇；都督耿瓛顴骨插鬢，色如飛火；都指揮謝貴體肥而氣短，僉都御史景清身短而聲雄——總而言之，「於法皆當刑死」。

朱棣一聽他的對頭都是死命，不禁大喜，起兵之意益決。而事實也印證了袁忠徹的判斷，數年之後，當燕王起兵之時，這些在席上被袁忠徹相過的官員，統統被他殺死。

燕王的部下聽說來了一位半仙，紛紛跑來相面，好搏個前程。袁神仙則大大方方，「皆許以公侯將帥」。燕王將來若登仙做了天子，他的部下自然雞犬升天，出將入相還不好說？——他分明在為燕王起義拉隊伍嘛！

不過，袁先生這一封拜，把燕王嚇著了，趕緊將他禮送出境。

此時尚還在洪武時期，功令甚嚴，袁珙真敢如此放誕無忌，信口雌黃？按說袁先生是元順帝至元元年，即一三五五年生，到大明建國時，已經三十四歲了，他慣常周旋於公卿士夫之間，在新朝嚴酷的政治環境下，又經過一、二十年的歷練，不應輕薄如此。

《明史》說他「相人即知其心術善惡。人不畏義，而畏禍患，往往因其不善導之於善，從而改行者甚多。」袁珙相人，先知其人之善惡，他深知人不畏義而畏禍，所以借禍福之說以導惡從善。如此，袁珙還是個進退有理之人。

然而那個時代，最大的惡、十惡不赦之惡，不正是謀反嗎？袁珙何以不拿赤族之禍引導燕王及其爪牙走上善道，竟以天子、公侯的好處為誘餌，煽動惡人造反呢？其實，朱棣在當時必無反心，袁珙也絕不敢胡言亂語，只是後人為了誇耀他本事大，吹噓過了頭，反把朱棣說成天生反骨，把袁先生塑成一個前顛後倒的狂妄之人。

朱棣信服相術，姚廣孝介紹袁珙來為燕王相一面，應是有的，至於以上神奇種種，應該皆出偽纂。試想，即便朱棣在懿文太子死後，生出非分之念，請袁珙來相面，好壯壯膽氣，也只能是祕密從事，豈會鬧得滿城風雨？須知，朱元璋的密探到處都是，諸王的行止，他隨時都能掌握；況且，朱棣不還說過，與他不合的晉王，經常派探子到他國中，察其過失嗎？想來，朱棣必不如是之虛誕淺躁！

而現代人寫歷史，卻輕信之，樂言之，不加批判地使用之，則所寫哪裡是史，簡直是相書了。

第四十一章　帶著神相打天下

朱棣透過與袁珙的交往，了解到他手段了得，登基後即將他父子一併召來，老的封太常寺丞，少的拜鴻臚寺序班，賜之冠服、鞍馬、文綺、寶鈔及京師居第，經常以疑難之事向其求籤問卦。而永樂初年最難決斷之事，便是儲位的歸屬，朱棣便請袁大師去相相，到底長子高熾有沒有天子的福分？

《明史·袁珙傳》記此事說：

袁珙先給皇長子朱高熾（仁宗）相了一面，讚道：「好一位天子！」又相其子朱瞻基（即未來的宣宗），道：「真是一位萬年天子！」占語更美，與當年相燕王於潛邸時如出一轍，不由朱棣不信。

既然長子高熾，連同他的令郎，命裡都是天子的貴格，還有什麼好說！於是，「儲位乃定」——就讓老大來坐吧！

《袁珙傳》的記載，主要依據姚廣孝奉朱棣之命，親筆為袁珙所作的墓誌銘，此事應屬可信。我懷疑袁珙應該同時為二王子高煦、三王子高燧也相過面，至於他怎麼說的，就不知道了，總不會一概驚呼為「天子」吧！

朱棣對袁珙其人及其術，極為寵信。此處不妨另開一支，敘述兩件較少為人注意的史事，以證明朱棣在用兵等大事上，是經常向「神」請教的。仍與袁氏父子有關。

朱棣攻取南京後，在此一待八年，時間之久，僅次於他的少年時代。與溫暖的南京比起來，朱棣似乎更喜歡較為嚴寒的北方。永樂七年初，朱棣第一次北巡，回到了他的龍飛故地北平。這座元代的舊都已在他登基之年升為「北京」。

十月間，突然御前有使者來到南京，急召袁珙趕赴行在。袁老先生當時已經七十五歲高齡，獲命後不敢耽擱，即日就道。此時朱高熾已被立為皇太子，在父皇北巡期間，奉命在京「監國」，主持朝政。老先生北行倉促，高熾「念其衰老，非霜露所堪」，特賜其貂裘。

皇太子此舉，並非普通的優老，一個六品的太僕寺丞還夠不上監國太子親自關照。朱高熾其實是借此表達對袁珙的感激。幾年前，當父皇在立嗣問題上舉棋不定，「意有所屬，遲回累年」時，多虧袁神相拉了他一把，朱高熾為此深懷感激。

貂裘披在老先生身上，那份傳自東宮的暖意，層層疊疊，意味無窮。過去是爭太子之位，如今儲位已定，但革命尚未成功，高熾仍需努力，爭取在太子的寶座上坐定坐穩，不能不對父皇的近臣多方籠絡。

袁珙此次蒙召急赴北京行在，他的墓誌也有記載，但所為何事，卻沒有交代，只說袁珙「既入覲，獎論有加」，不久得請歸鄉，展拜祖塋，次年就病故了。

事情的緣由，其實我們可從當時的時局窺知之：此番北來，朱棣並不是簡單的巡行，而是準備親自坐鎮北京，出兵回擊屢屢擾邊的韃靼人本雅失里。這年七月，他任命淇國公丘福為征虜大將軍，以武成侯王聰、同安侯火真為副，靖安侯王忠、安平侯李遠為左、右參將，集齊大軍北征。這是他即位後第一次重大的軍事部署，結果師出不利，北征之師在臚朐河大敗，一公四侯皆死。朱棣顏面掃地，遂決意親征。就在這當口，他遣專使南下，召袁神相趕赴行在，肯定與北征軍務有關。而神相將如何分君之憂？大概朱棣深深震撼於不久前的慘敗，對於親征並無勝算，希望借重神相的占卜，以決大計。

袁珙如何應對，屬於軍機，無從考知。但當時親征之舉已如箭在弦，想必圓通老道的袁珙不會犯傻，揪鬚批鱗，說出什麼不吉利的話，觸犯「聖怒」的。

總之，次年二月，朱棣按計畫親提六師，出塞遠征朔漠，七月間凱旋班師，十一月回到南京。不久，袁珙的死訊也到了。朱棣聞訃，立刻賜以極為優渥的哀禮，不僅給鈔、贈官，命工部營葬事，遣內臣祭其家，還特命姚廣孝為他的老朋友撰寫墓誌銘。這便皇上是對袁大師「密贊」之功的回報吧！姚廣孝在墓誌中，將袁珙之侍奉成祖朱棣，與唐代著名術士袁天罡受知於唐太宗相提並論。而在相學史上，袁珙與漢代許負、唐代袁天罡、李淳風等人並駕齊驅，皆稱相學大師。

袁珙因為年老，僅在北京「參贊」了一下，並未扈從，而由他的兒子袁忠徹在軍隨侍。王鏊《王文恪公筆記》記道：

「皇甫仲和，是河南睢州人，精於天文推步之學。袁忠徹長於相面，皇甫仲和長於占卜，他們各擅其道，每次成祖朱棣北征，都要帶上這兩位大師。」

可見北征大軍之中，真是術學高手林立。

過去的方生、術士，雖然多擅一能（如袁氏以「相人」為長技），亦常兼習他學，好比這位皇甫仲和，精於天文推步，即占星之術，在相學上也有較深的造詣。據說他一日出朝，有個衛士一定要請他相一相，他偏頭瞧見屋上有兩鵲在鬥，立刻說出此人的妻妾正在打架，讓他趕緊回家解勸。那衛士急奔回家，果不其然，倆老娘們正纏鬥不休呢！

朱棣的首次北征，並不像官書吹噓得那樣「完勝」，大軍在廣漠中搜索久之，總不見虜騎，兵馬疲憊不堪，糧草也漸漸供應不上，真如王昌齡詩裡寫的：「怏怏步長道，客行渺無端」。朱棣打算回師，卻覺斬獲不大，回去之後面上不好看，就召皇甫仲和來占，讓他「猜」敵人去哪兒了。

仲和撚著指頭咕噥了幾聲，說道：

「今日未、申間（約下午三、四點鐘），虜兵必至。」

朱棣心喜，忙問：「從哪一方來？」

「從東南方來。」

「勝負如何？」

「王師先有小退，然終必取勝。」

朱棣疑信參半，又召袁忠徹來問，好做個印證。結果忠徹所答，與仲和所對，如出一轍。

正所謂君威難測，伴君如伴虎，朱棣在聽到二位大師對敵情做出相同的卜測後，竟然發怒了：「你們兩個串通起來欺騙我嗎？」下令把他們抓起來，威脅道：「今日若虜兵不至，你二人皆死！」所幸午後不久，韃靼兵馬果然大至，一如所占（我意用猜字更恰當）。朱棣這才把怒氣平息下來，出兵迎戰，在戰勝之後，賜給二人以幣帛等賞物。

袁忠徹服侍喜怒無常的君主，雖不時險象環生，但凶光去後，益顯其手段高明。在專制主義日益強化的時代，如袁氏父子這樣官不高，卻以其術得近「天光」，並得到榮寵的人，被稱為佞幸，他們對皇帝的影響力，比外朝的高官更要微妙和持久。

在永樂初年儲位的歸屬問題上，袁珙的相術發揮了重要影響，固是無誤；但要說這件一件大事，因袁珙片語而決，一錘定音，則言之過當。

在立嗣問題上，朱棣徵求過不少重臣和近臣的意見，其中包括兵部尚書金忠與內閣學士解縉。

金忠是浙江鄞縣人，與袁珙是同縣老鄉，他也善於卜筮，不過與袁氏相面不同，他主要利用《易經》算命。金忠的哥哥因罪遣戍通州，卻不幸身亡，由金忠補戍入伍。但他家裡窮，湊不齊路費，幸得袁珙的資助，才得以成行，來到通州，做了一名戍卒。

明初的軍士，多是軍籍，世代當兵吃糧。但軍戶之兵與營兵、雇傭兵不同，他不需要在營裡待著，每日上操下操，不打仗時還可以自由做些活計。金忠就發揮特長，在北平城裡賣起卦來，而且特別靈驗，「市人傳以為神」（我疑惑的是，他在家鄉窮困潦倒，定然是卦詞不靈，生意冷清，如何一到北方，馬上就神驗了呢？大概還是「外來的和尚會念經」吧！）

他的能耐被道衍和尚知道了，把他推薦給燕王朱棣。可見姚廣孝這位高僧，經常向燕王府裡輸送各種異能之士。只是不知金忠與袁珙，誰先獲得燕王的賞識，但從金忠與袁珙同鄉，卻要依靠袁珙資助來看，袁珙成名早，是金忠的前輩，說不定他的「神技」，還是袁珙給他吹出來的呢！

袁珙給朱棣相面，說他的鬍鬚長到肚臍眼那裡，就可稱帝；金忠則手捧周易打卦，得了一個「鑄印乘軒」的好卦，驚嘆道：「此象貴不可言。」——金忠這一嘆，不就是一個金聖歎嘛！

從此金忠出入燕府，常以所占來勸燕王舉大事，深得燕王倚信。燕王一起兵，馬上授以王府紀善的官，命他守通州，又召他置於左右，經常拿軍中疑問向他諮詢，金忠贊畫（編注：輔佐謀劃）戎務，成了燕王駕前的一位謀臣。

昔日潦倒的金忠，如今成了一位靖難的佐命功臣，被封為工部右侍郎，很快又升做兵部尚書，官兒可比袁神相做得大。

第四十二章　太子之位，塵埃落定

金忠屬於文臣，在永樂初，一度輔佐世子居守北平，他在政治上是支持朱高熾的。淇國公丘福等功臣，多次勸朱棣立高煦為太子，而在靖難功臣中，唯獨金忠以為不可，且「歷數古嫡孽事」，給朱棣講古代的奪嫡爭嗣故事，好使其警覺。

朱棣猶然遲回難決，又向解縉、黃淮、尹昌隆等內閣、翰林輔臣諮詢。《明史．金忠傳》說：解縉等都認為金忠說得對，「於是立世子為皇太子」。顯然金忠發揮了意見領袖的作用。

再來看《明史．解縉傳》的記載：

「當儲位未定時，淇國公丘福一再稱漢王高煦有功，宜立為嗣。成祖密問解縉，解縉說：『皇長子仁孝，天下歸心。』成祖不應聲。縉又頓首道：『好聖孫。』說的是宣宗，成祖這才頷首點頭——太子遂定。」

結合《金忠傳》來看，朱棣是在聽取了袁珙（近臣）、金忠（靖難功臣）等人的意見後，猶然不決，才來找解縉等翰林官員（近侍文臣）諮詢。

解縉先說高熾「仁孝，天下歸心」，差不多是一句空言套語，朱棣不應；又稱「好聖孫」，就打動朱棣了。

《明史》一會兒說袁珙密相仁宗父子，由此「儲位乃定」；一會兒又說解縉盛稱宣宗，「太子遂定」。那麼立仁宗為嗣，到底是袁氏之功，還是解氏之功？正可見「盡信書不如無書」，讀史豈可泥於隻言片語！朱棣當然不會只聽一人之詞，就定下太子所屬，他需要全面權衡，充分聽取意見，並借此了解朝議及人心的取向。

以上兩個故事，有一點是相通的，即在討論朱高熾的地位時，總是牽扯到其子朱瞻基；尤其是解縉，更是拿「好聖孫」來打動朱棣。

朱瞻基，是朱高熾的嫡長子，也就是後來的宣宗皇帝。他生於建文元年，這一年朱棣起兵反抗朝廷，所以這孩子的「睿名」，應該不是循例奏請朝廷，由禮部所擬，或許便是朱棣親自所取。瞧，「瞻基」，換成超白話，不就是「觀瞧寶座」？大有「問鼎」之意。不管怎樣，這個名字是極富雄心的。

當靖難之師入京時，朱瞻基年方四齡。傳說朱棣不喜歡長子，卻異常喜愛這個長孫，最終冊立朱高熾為太子，並將皇位傳給他，其實是一種迂迴策略，本意是為了讓朱瞻基繼承皇位。

此說可信不可信且勿論，看官有沒有覺得耳熟？然也！在清代康、雍、乾三世的承嗣問題上，也有這樣一種說辭：康熙並不怎麼看好四兒子雍王胤禛，卻特別喜愛胤禛的第四子弘曆，希望將來由小弘曆繼位，奈何中間隔著一位尚在中年的雍親王，只好將皇位先傳給胤禛，待胤禛萬歲後，由弘曆接位。

「聖祖尤愛弘曆」，是構成雍正即位合法性的證據鏈中的關鍵一環。可是有學者研究後認為，這不過是弘曆的一面之詞，在原始檔案中，並沒有晚年的康熙格外屬意於他的相關證據，反倒是康熙特別關照其他皇孫（包括廢太子之子）的史料非常多。我們以此反觀明代初年朱棣、朱高熾、朱瞻基祖孫三代之間的關係，恐怕也要道一聲「未可盡信」吧！

當然，朱棣愛不愛這個孫子，愛到什麼程度，這是他內心的活動，我們無法考求。但歷史是可以依靠一些事件做參考鑒別的。

有一件很搞笑的事，朱棣不知，各位看官不可不知，好教大家曉得了，一齊來笑我們「聖神」的成祖大老爺。

正德年間有一種野史，名叫《傳信錄》，書中爆出驚人「內幕」，稱「我朝宣宗章皇帝，乃建文君之子也」，還說，成祖既以宣宗為太孫，未嘗明言他是建文之子，而宣宗幼失所怙，也不自知身之所出，皇位就這麼糊裡糊塗地傳下來。其實，從宣宗到英宗、憲宗、孝宗，直到當時的武宗，都是建文帝的子孫，只是他們自己都不知道咧！

明朝人真能給他們的皇帝潑汙水。前文已經介紹了，宣宗生於建文元年，他絕不可能是建文帝之子，除非他爸爸在與皇太孫做好朋友時，學現代人的樣，搞過「換妻」遊戲

——但那時還沒此風呢！

明代著名史家王世貞已斥此說「殊誕妄可惡」。然而我們換一個角度來看，宣宗被送給建文帝當兒子，與他爺爺被歸入元順帝旗下做遺腹子一樣，都是後人戲耍暴君的遊戲，如此，便有幾分可喜可愛了。

那些竊國之賊，整日胡編亂造，妄許天命，自稱神聖，民間藝術家拿他們做傀儡，編一點新鮮玩意兒，解解「正史」的悶，也是滿好玩的。

話歸正題，且說朱棣不僅對長子高熾是否為儲君的合適人選大加挑剔，他還要考慮狠傲不羈的次子高煦的種種敗德不法行為。

史書中的朱高煦，獲得的全然為惡評，他的傳記裡充斥了「性兇悍」、「無賴」、「言動輕佻」、「多過失」等一連串糟糕的評語；在至親眼裡，他也不招人待見，祖父朱元璋「惡」之，舅舅徐輝祖也討厭他，認為三個外甥中，就屬他勇悍無賴，非但不忠，還不孝（謂其將「叛父」），他日必為大患。

在隨後的靖難之役中，朱高煦兇悍嗜殺的秉性，轉為他勝人的優勢，在戰場上，他是領了殺人執照的，可以放開手腳，合法地殺人，殺人愈多，功勞愈大，英雄氣愈足。他幫父親把燕王的王冠用血洗，洗啊洗，洗出一頂「白帽子」，從此更為「自負」，益加「恃功驕恣，多不法」。

總之，史書為朱高煦勾畫的完全是一張天生魔頭的漫畫肖像。這或許有成王敗寇的因素，因為一個見多不怪的事實是，人在做賊時就是一副短命的、死不得超生的惡鬼像，一旦稱王臨位，馬上洗臉更衣，換作一副龍姿鳳質、冠冕垂旒的聖君之像。朱棣就是一個典型。高煦是失敗了，留下的印象如此不堪，我們可以假設，如果他圖個僥倖，居然登臨帝位，那麼他一定門庭重光，作為一位聖明之君在國史中耀耀發光。

正因為中國的古書裡面，夾雜了太多的故意抬高和刻意抹黑，信用失效，所以今人雖然不能將它們丟在一邊，但也增長了讀史的智慧。最近見到有高煦故封之地濱州（明為樂安州，高煦失敗後改為武定州）的人士，撰文討論高煦是反賊，還是英雄。我愚以為，對「反賊」高煦重新認識，分析他是如何被「抹黑」的，的確有價值。但若對史料一概否定，必欲平反而後已；摘掉舊冠猶覺不足，定要重製一頂「英雄」的高帽兒奉上，恐怕有矯枉過當之嫌。

撥開歷史的迷霧，至少有一件事，不是誣詞：朱元璋死後，朱棣本人奉旨不能到京哭臨，就命高熾、高煦代為入京告祭。舅舅徐輝祖對高煦頗多訓誡，高煦不耐煩，偷了徐輝祖一匹良馬，徑直渡江逃回北平去了。他在途中兇暴異常，動輒殺人，在涿州，只因小故，就擊殺了一名驛丞。驛丞雖小，也是朝廷命官啊！燕府二王子的暴行引發了朝廷的強烈反感，「朝臣舉以責燕（王）」，朱棣不僅代子受過，縱子行兇，也成為削藩的主要罪行之一。

總的說來，朱高煦身長七尺，輕趫勇武，英武之氣非凡；在一部分朝臣，尤其是參加過靖難之役的燕府舊將中，擁有不少的支持，他代表了透過奪位戰爭興起的靖難新貴的利益。

應該說，高煦的實力基礎是很堅實的，朱棣對靖難功臣的意見，不能不表示一定的尊重。但高煦的毛病太明顯了，此人性格浮露，又不愛親近儒臣，在以文官為主體的廣大朝臣中缺乏擁戴。在朝的絕大多數文官都是建文朝留下的，對彪悍善戰的高煦毫無好感。

當然，朱高煦最大的劣勢，在於他是次子，上頭壓著一位名分早定的大哥。這是最難逾越的一座大山，他固然是一位「力拔山兮氣蓋世」的好漢，但在嘗試之後很快發現，這座山實難撼動——儘管它看起來總是不穩當，在烈烈強風中搖晃。

不管怎樣，對於選拔誰來做繼承人，朱棣一定是經過反覆比較與權衡，才做出最終的決定。我想，他考慮的重點，應是如何為萬世立法，而不僅僅出於對某一個兒子的偏愛。朱棣因篡得位，他思考的關鍵，恰恰在於如何避免靖難之役的悲劇在他的子孫中重演。

朱棣即位後，在事實上繼承了建文帝的削藩政策（只是步驟更舒緩一些），對「塞王」

的封國重新進行了調整，逐步剝奪王子們的武力和干預地方事務的權力。當來自家族的威脅消除之後，則要著重考慮家庭內部的穩定，他知道，太祖確定的嫡長子繼承制，是杜絕非分之念，避免皇室內部相爭的最好選擇，此時若俯從群臣之請，冊立世子高熾做太子，既順理成章，亦等於重新確立並堅持這一制度，將有利於萬世！如果改立高煦或高燧，則必將引發朝廷持續的紛爭，甚至動搖朝廷統治的基石。這是朱棣不願意看到，並極力避免的，而這才是朱棣做出最後決斷的主要因素。

第四十三章　唯有父子情，一步一回顧

永樂二年（一四〇四年）初，經過長期的反覆考慮，朱棣最終做出決定。這年二月，他派隆平侯張信、駙馬都尉永春侯王寧前往北方，召還在北京居守已一年有半的長子高熾和在開平戍邊的次子高煦。

事實上，早在打發高煦去幾千里外的開平時，他已經做出決定。他這麼做就是要讓高煦離開南京，遠離那些擁護他的靖難功臣，讓喧囂的政治塵霧消散一些，熾熱的躁動冷卻

一點。果然，高煦一走，這個野心勃勃的爭嗣集團失去了中心，頻繁的祕密活動馬上陷入癱瘓。高煦尚不知覺，還打算在開平再立邊功，進一步鞏固父親的寵愛。王寧到開平後，偷偷向他透露，皇上已命禮部籌備冊封大典，太子之位誰屬，馬上就將揭曉。他頓時快意踴躍，但當聽說大哥也一同奉詔還京時，心裡卻有了很不好的預感。

兩位王子回到南京，四月裡，朝廷舉行了隆重的冊封大典，授長子高熾金冊、金寶，立為皇太子，而封次子高煦為漢王，三子高燧為趙王。

高煦大失所望，儲君之位，終究還是落在「酒囊飯袋」的大哥的囊中。在南京盛夏的炎熱中，高煦恍如一個冰人，全身都要融解了。如果他的父皇曾經給過他一個承諾，如今是父皇食言了；如果父皇從未給過他那樣一個承諾，他發現一直以來的自得、自信，全然不過是一堆笑料。

朱棣大概對未能冊立高煦存有歉意，對他格外優禮、縱容，「高煦寵益隆，禮秩逾嫡」。但這不僅沒法撫平高煦的失意，反使他益無忌憚地使性、鬥氣，甚至故意挑父皇之怒，以宣洩他的不滿。為父的也無可奈何，只能聽之任之。

這時，那位有名的才子，內閣學士解縉蹦了出來，大進忠言，勸皇上禮遇漢王不可過分，否則會引起不必要的爭端，說漢王的待遇超過他應得的，會使他爭嗣之心不死，還會繼續希圖太子之位，這不利於朝廷的穩定。

可惜解縉才高固才高，就是太不識相，在一個極不恰當的時機，出言干涉皇帝的家事。朱棣正為此事頭疼呢，心中蓄著一團怒氣，左看右看，想找個出氣筒。不幸解縉直向前撞上來，朱棣馬上想起，解縉是力挺太子的，這回他又出位妄言，請求制裁漢王，明是存了離間骨肉之意——雖然他忍隱下，暫未發作，而解縉一言，實已種下自家災難的種子。

解縉是明初第一大才子，在永樂初年甚是蒙寵，朱棣開內閣，第一個就請他入閣，為眾學士之首，這是非常之信任了。《明史》評價他「任事直前，表裡洞達」，也就是勇於任事，內外一致，但毛病是「好臧否，無顧忌，廷臣多害其寵」。

「好臧否」是說解縉喜歡議論人物，但他卻不擅韜晦，不懂得做事必先處身的道理，經常挾著一股意氣，直言無忌，他的「寵」在別人眼裡，成為害人之物。

比如有一次，朱棣寫下十位大臣的名字，讓他各評其長短。解縉說：「蹇義天資厚重，但是沒有定見。夏原吉頗有德量，就是不懂得遠離小人。劉儁有才而不顧義。鄭賜有君子之風，卻短於才。李至剛為人放誕，趨炎附勢，有才而行為不端。黃福秉心平易直爽，有執有守。陳瑛刻於用法，尚能持廉。宋禮為人戇直苛刻，聽不見別人的意見。陳洽通達警敏，亦不失正。方賓簿書之才，駔儈之心。」

瞧瞧！這十位大臣，如蹇義是吏部尚書，夏元吉是戶部尚書，陳瑛是掌都察院左都御史，都是當朝重臣，除了黃福與陳洽二人，解縉的評語都是先褒後貶，先揚後抑，這就是解縉的「臧否無顧忌」。他任寵議論，隨意撰寫「月旦評」，又不趁著「天聽」的機會，多替僚友說些好話，所以解縉在當時就有「狂人」之號。

話從口出，禍從天來。解縉無意之中得罪了很多人，好比那十人中，左都御史陳瑛我們多次提到他，是一位酷吏，是惹不起的人物，解縉如此放言無忌，使他在朝廷的地位非常孤立，危難之時，無人施之援手。

在議漢王之事後，朱棣開始膩煩他，這種態度時不時表現出來。比如有一次賜內閣黃淮等五人二品紗羅衣，這是極高的禮遇（明初閣臣官品不高，解縉也不過四品），而唯獨居內閣之首的解縉沒有任何賞賜。這是解縉失寵的公開信號。

解縉不屑於隱藏自己的政治觀點，以一個堅定的「太子黨」的面目示人。有一個故事說，朱棣冊立高熾後，易儲之心始終未消，不願多見這個兒子。一日解縉奉命題《虎顧從彪圖》，借機進諫，題詩道：

「虎為百獸尊，誰敢觸其怒。唯有父子情，一步一回顧。」

朱棣見詩有感，燃起父子之情，馬上命尚書夏原吉去南京迎取太子。

這個故事見於明末馮夢龍所編的《智囊全集》，是一個「智慧故事」。解縉本是一狂生，非常缺乏政治智慧，所以罹難。但在民間傳說裡，他漸漸成了一個極聰明的人，無論是世事，還是政事，都能恃其智慧，處理得應付自如。這個題詩相諫的故事，大概也是後世附會敷衍出來的，並不可信。

然而作為親近的儒臣，解縉過於鮮明的表達政治態度，使他身不由己地捲入儲位之爭，引來殺身之禍。

不知道解縉在內閣的最後一兩年裡，是否意識到他面臨的巨大危機。朱高煦最恨他了，不斷在朱棣耳邊進饞，必欲置之死地。高煦知道朱棣最忌諱禁中密語不密，就從父皇身邊的宦官那裡打聽到朱棣君臣的密語，將其外傳，然後向朱棣告發，說是解縉在外面妄言，將禁中之語外泄，加深了朱棣對解縉的不滿。

永樂五年（一四〇七年），朱棣藉口主持會試廷試的解縉讀卷不公，將他降為廣西布政司參議，逐出京師。已經嗅出味來的禮部郎中李至剛（此人也在那十人之中）立刻跳出來打落水狗，揭發解縉「怨望」（出怨言）。朱棣大怒，下令已在路上的解縉改官交阯。交阯原為安南國，被朱棣用兵平定，納入版圖，成為新的一省：交阯行省。交阯在邊方荒裔煙瘴之地，又是剛剛平定，形勢不太穩定，當時在交阯任官的，多是被貶官之人。

解縉因言招禍，從權力的最核心貶到危機四伏的邊遠省份交阯去了。

朱高熾坐上皇太子之位後，有那樣一位不喜歡自己的嚴父在上，這把大椅要想坐踏實，真的很不容易，其中的艱辛，他竟用了二十年的時間來品嚐。

東宮又稱為「東朝」，歷史上，東宮與皇帝之間的關係就比較微妙，打個比喻，它就像當今皇帝與未來皇帝，又像處子與老婦，太子當久了，很容易遭到皇帝的猜忌，拿他當前世債主與今世的冤家。

朱棣在南京待了七年之後，就開始頻繁北巡，都城南京反成了打尖之地，不再過久停留，凡鑾駕離京期間，都由皇太子監國，主持朝政。皇帝與太子的分工是：「中外政務有成式者，啟皇太子施行，大事悉奏請」，即太子處理日常事務，照成例施行，大政要務仍須奏稟行在，由朱棣親自處斷。

這種情況在歷史上較為少見，在明朝也屬僅有（後世也有過太子監國的例子，如嘉靖十八年世宗南巡期間，但僅僅是名義上的）。這樣，在南京以東宮為核心，形成了真正的「東朝」。

朱棣對高熾並不放心，他一方面對高煦這位受挫的皇位競爭者採取優容慣縱的姿態，使不滿的高煦心懷狼噬之心，蹲伺在東宮身後，察其過失，令太子有枕席難安之感，以達到牽制的目的；另一方面，他對朱高熾採取較為苛刻的態度，使其常震懾於雷霆之威，而少沾雨露之恩，不得不小心謹慎，救過不暇。

這樣的故事很多，如朱高熾因身體肥碩，腰腹數圍，朱棣每次令皇子練習騎射，他都要告個「不能」，令朱棣不快，高煦常常借題大加嘲笑。一個流傳甚廣的故事說，一次眾皇子奉命去謁祖父的孝陵，高熾因為體肥，又有足疾，陵寢的神道那麼平坦，仍要靠兩名宦官扶掖，才能前行，還經常失足跌滑。高煦見狀，在身後戲言道：「前人蹉跌，後人知警。」哪知話音剛落，身後一人應聲道：「更有後人知警也！」高煦大驚失色，回頭一看，原來是皇兄之子朱瞻基，未來的宣宗皇帝。這大概是「螳螂捕蟬黃雀在後」故事的明史版吧！《明史》將其置於高煦傳中，既刻畫了高煦的淺薄浮露，又為高煦終為宣宗所滅埋下伏筆，可稱妙筆。

太子的肥體與跛足，常令朱棣覺得他居於儲君之位，是一件難堪的事。但太子無罪，這背上的芒刺輒難以拔去，朱棣懊惱之下，便有不近人情之舉。

有一次，太子像座肉山一樣移到朱棣面前，朱棣見了氣不過，下令減少太子的伙食供應，或許還罵了一句：「肥豬，少吃些會死嗎？」管理東宮食堂的官員不敢違旨，降低了太子的食品標準，由十八大碟減為四菜一湯，但他怕太子吃不飽，也想借機討個好，就在家裡備些可口飯菜，偷偷送給太子吃。這件事很快被朱棣知道了，居然雷霆震怒，將此人處以醢刑，可憐這廚子頭，頓時化為一灘肉泥。

此人所積原是個陰功，雖然本人沒有升官發財，得個現世報，但朱高熾登極後，不忘他一飯之恩，給了他後人一個官做。

朱高熾在做太子的二十年間，「過失」不斷，每次都遭到其父的嚴厲打擊。朱棣當然不會直接打太子的屁股，自有東宮的僚屬代為受過，每隔一段時間，他們都要去牢裡報個到，有的差點把牢底坐穿。

對這些委屈，朱高熾只能強忍，與宮僚們一起堅守，共呼吸，共命運，風雨同舟，共渡難關。對兄弟的讒言，他不敢辯，不敢反擊，他們有了過失，他還要為之分辨求情。

曾經有人問他：「殿下可知有人說你壞話嗎？」高熾不問其人是誰，只是說：「不知，我只知道盡我做兒子的職責。」此人的試探，被他一推，變成表達忠心的宣言。可見他是時刻提防著父親、弟弟的耳目的。

他說的其實是違心之言，並非本意，如漢王高煦為自立，太監黃儼、江保為擁立趙王高燧，都是不斷進饞之人，整日在頭頂嗡嗡嗡，他豈能不知？他絕口不提，只是將怨恨深深地植於心底。他身邊的親近輔臣不斷遭難，如黃淮、鄒濟等人，坐獄達十年之久，他也不敢違逆父意，出一言相救，只是忍氣吞聲做孝子，而在私下裡給下屬許諾：「你們若有不諱，我當提攜卿息，不使墜蓬蒿也。」意思說，先生們啊，你們為孤家犧牲，我當記得，將來一定提攜你家子孫，以為報答。

這是何其的苦悶和壓抑啊！

高熾委曲求全，並非他毫無性格，窩囊無能。高熾最大的長處，就在於他能伸能屈，謹慎地掩藏著內心的憤怒與怨懟。他即位後，真面目就暴露了，有好幾次，因為朝臣在朝堂上進諫，拂了他的面，立馬翻臉，差點讓武士用金瓜將人打死。

但朱高熾能做到不忘本，他自知東宮這艘飄零的孤舟，能在狂風暴雨中遠航，並最終抵達勝利的彼岸，追隨他多年的宮僚貢獻、犧牲最大。他繼位後，有德報德，有怨抱怨。首先處死了黃儼、江保這兩名一直與他作對的巨閹。他還不忘侍郎胡濙！胡侍郎到南京來，高熾為了表示對父皇駕前來人的尊重，特地關照胡濙，免他的朝參；但胡濙堅持上朝，以表示尊重太子。雙方禮數周到，舉案齊眉，相敬如賓。但朱高熾頗疑胡濙是奉了密旨來刺察他過錯的，他忘不了此事，登基後專門檢出胡濙的奏疏，看他到底向父皇報告了些什麼。結果見密疏裡說的盡是東宮的好話，這才龍顏大悅，該賞該罰，一下就定了。

朱高熾對舊人的情誼如舊仇一般，輕易不得釋懷。他即位後，東宮舊僚紛紛從龍，多數都做了高官。此時君臣無憂，安享富貴，但他仍時常想起他們當年為了他，無辜下獄，所備嘗的艱辛，此時就忍不住感傷落淚。

從正位東宮，直到順利繼位，二十年間，朱高熾承受了巨大的心理壓力。在明朝歷史上，還有一個人情況類似，那就是神宗的太子朱常洛。而有趣的是，二人又都是明代在位時間最短的兩位皇帝：朱高熾，一年而崩；朱常洛，在位時間更短，約一個月。在危境中蟄伏，荊棘中摸爬，好不容易支撐到繼承大統，揚眉吐氣，胸臆大開，應該「其來正長」才是。到底是什麼風暴，竟如此猛烈地摧殘了他們的生命之樹？

我想，那是長期壓抑之後突然爆發的颶風吧！

他們以皇太子之尊，長年累月地被扭曲壓制在一個令人窒息的小盒子裡，即位之後，不願再委屈自己，而有任何的自抑。於是肆意行事，不想尋樂反而促壽了。

朱高熾死亡之謎，後文續有解密。

第四十四章　善守者終於擊敗了善攻者

朱高熾的優勢在於他的儲位早定，從世子到太子，一直是法定的繼承人。無論他父親多麼想擺脫他，都改變不了諸子中他最為年長的事實。高熾深知，保持這一優勢的關鍵，是以靜制動，只要不犯太大的錯誤，不管路途有多麼曲折，江水終有奔流入海的一日，寶座沒長腳，不會自己跑，它會在寶殿裡靜靜地等待他。所以朱高熾謙抑不爭，實在是高明的戰略。

而他的兄弟們，在娘胎裡就已慢了，現在非得亟亟行動不可。高熾善守，從靖難中的守北平，到堅守儲位，居守南京，他一輩子都在守，守對他駕輕就熟，他一點都不急躁。他的弟弟們則不得不努力地攻，時日拖得越久，他們的機會越渺茫。

只要掌握了動與靜這兩個字，就把握住了永樂中圍繞儲位爭奪的關鍵。

二王子朱高煦受封為漢王，他得到的封地是雲南。一旦去了雲南，嗣位從此甘休，莫再想了！他質問父皇：「我何罪，斥我萬里！」拒絕到封地去。朱棣見他抗拒，便不再強求，也不改封，任由他留在京城。在北征北巡時，還將他父子帶在身邊，讓所有人都看到了皇上對二王子的寵愛。

然而成年皇子不到封國去，軟磨硬泡地留在父皇身邊，這是違反祖制的。太祖朱元璋在兒子們才十六、七歲時，就把他們打發到封國去，只留太子一人在京，無一人能夠例外。朱高煦賴在京城不走，朱棣竟然默許，這不能不引發猜想。

高煦不到封地去稱王，王爺的規制與待遇卻一定要享受。按照祖制，親王可以擁有三護衛（即三個衛，按編制每個衛應有官兵五千六百人）的兵力。在京衛分都是天子禁軍，高煦非要撥三個衛給他，而且指定要天策衛。皇上竟然也答應了，以天策衛為漢王護衛。

在京四十九個衛，高煦為什麼偏偏挑中天策衛？明眼人一眼就看出來：高煦行事，處處模仿唐太宗，李世民曾做過天策上將，他就討天策衛作他的護衛。一個衛還不足，後來他又乘間再請增加二衛，以足親王三護衛的定制，朱棣都一概滿足他。

高煦深受皇上寵愛，在朝擁有一大批實力派的支持，如今又在京擁有了相當的護衛兵力，許多人為此惴惴不安：將來一有機會，漢王是否也要學唐太宗來個玄武門之變？

但奪取儲位的過程太過漫長，時間拉得太久，黃金都會變得像冬粉一樣柔軟。在表面的風光之下，朱高煦感到了強烈的虛弱和乏力，覺得他為之努力前行的那個目標，似乎漸行漸遠。

永樂七年（一四〇九年），他遭受了最為沉重的一次打擊，他最重要的盟友淇國公丘福，在這年七月的北伐中全軍覆沒，與丘福同時戰死的還有武城侯王聰、安平侯李遠等人，都是燕府舊人，又都受過高煦節制，與他有著密切的個人聯繫。

朱棣得到敗訊後，大為震怒，宣布追奪丘福的爵位，將他全家流放到海南。

自從高煦從開平被召回後，就再也沒帶兵打過仗，他與軍隊的聯繫，主要依靠丘福等靖難將領。如今丘福等人殞命，「靖難系」親信遭受重創。缺少了實力派的擁護，高煦倍覺勢孤；而在擔任皇太子多年之後，他的東宮哥哥卻得到越來越多朝臣的傾心擁戴，在儲君的寶位上越坐越穩——這一盛一衰，可以身感，而難以言表。

高煦發現，他只能像一個饒舌婦一樣，在父皇跟前不斷講哥哥的壞話，父親有時候聽，更多的時候不聽，即便聽信了，也只是處罰東宮的幾名臣僚了事，對太子的地位，根本毫無觸動。

隨著朱棣在位日久，他把主要精力放在對付蒙古的軍事威脅和營建北京上，而對政事表現出厭倦。朱棣晚年病體纏身，經常不出朝理政，而將日常庶政全部委託給太子處理。這都顯示出太子地位的日益穩固。

更令高煦不安的是，父皇對他的態度也開始發生微妙的變換，經常有意無意地向人詢問：漢王是否有奪嫡的圖謀？是否頗多不軌之狀？彷彿是在向他傳話，側面地提出警告。

永樂十三年（一四一五年）五月，父皇再次過問高煦的就藩問題，這次給他安排的新封地是青州（今屬中國山東濰坊）。青州在山東中部，處於南北兩京居中的位置，交通較為便利，但高煦仍不願去。為此朱棣對他進行了一次正式的規勸，專門給他下了一道敕，敕文責問道：

「你既然已受藩封，豈可常居京邸？以前你嫌雲南遠，不願就封，今封青州，你又托故欲留，名義上說是想侍奉在我身邊，但皆非實意。這一次，你無論如何都不能再辭了！」

但高煦仍不當回事，照舊使一個拖字訣，輾轉遷延，就是不走。

但這次與以往不同，高煦雖然仍是抗拒，但他明顯感受到了來自朝廷的壓力。許多議論和風聲，從四面八方灌進來，如說漢王借著從征的機會，私選各衛健士，又募兵三千餘人，不入兵部之籍，使朝廷無法掌控，成為他私人豢養的武裝；又說他肢解無罪之人，棄屍於江，且僭用天子乘輿及器物……，對人臣的指控，升級到這一步已經非常危險了。

他府中的臣僚也受到打擊，先是朱棣以王府長史程石琮、紀善周巽等不能「匡正」漢王之過，皆黜為吏，發遣到等於死人之地的交阯去。後任長史蔡瑛、紀善周岐鳳害怕遭到同樣的命運，積極進諫，勸殿下稍加斂戢，卻又令王爺不滿。高煦被他兩人叨叨得不甚其煩，借個事將他倆送錦衣衛獄裡關起來。

錦衣衛監獄是天子詔獄，當臣子的怎麼可以往裡送人呢？這事被皇太子高熾知道了，雖然指出二弟狂妄的事實，卻又表示「重違高煦意」，說是不輕違二弟之意，遂把周岐鳳降為長洲縣教諭[1]了事。但太子抱怨道：「錦衣衛非王府獄，恐怕父皇聽說了，又要加怪高煦了！」

如果高煦是個聰明人，他一定能感到這是山雨欲來的滿樓之風；他經歷過那麼殘酷的

1 教諭是縣學的教官，府學教官是教授，再往上就是京裡的國子監了。

政治鬥爭，應該敏感地察知，這些風聲不是無緣無故鼓起來的，其中隱含了極大的危險。然而他卻惘然無知，依舊我行我素。他的部下倚仗他的勢力，在京強占民田牧地，縱橫劫掠，誰也不敢過問。有個叫徐野驢的兵馬指揮，太歲爺頭上動土，擒治了幾名漢王衛士。高煦勃然大怒，他是老虎屁股摸不得，立即將徐野驢抓起來，一鐵瓜將其擊斃。徐野驢怎麼說也是朝廷命官，就這麼死於非命！雖然京朝官員敢怒不敢言，無人敢於出章糾彈，但二王子肆意妄為的惡行實際上已經毀滅了他最後一次衝擊嗣位的機會。

對高煦的所作所為，朱棣隱忍未發。第二年，他從北京回到南京，決定有所行動了。在召見一些親近大臣時，再次提到漢王的問題。他首先詢問吏部尚書蹇義。蹇義是個熟軟的老吏，對這樣敏感的問題，才不會像才子解縉那樣任情直說呢！皇上問他，他裝糊塗，來一個「不對（不表態）」，表示並不知情。

朱棣又問翰林學士楊士奇。

楊士奇起初是閣臣，永樂七年朱棣北巡時，留他在南京輔導太子，與東宮建立起親密的關係。此人機心頗深，為人圓熟，他答道：「臣與蹇義俱侍東宮，外人無敢為臣二人言漢王之事。」他不正面回答漢王有無不軌的行跡，推說自己輔導東宮，對於漢王爭嗣的舉動，無從知曉（順帶替蹇義圓了場。蹇義以老成持重見長，不是個機靈鬼，年紀又大，哪有他腦筋轉得快，奏對時難免吃虧）。

楊士奇雖然害怕得罪漢王，留下禍患（宮中奏對，不得不防隔牆有耳），但他畢竟是東宮輔臣，豈可不維護皇太子的利益？這也是他切身利益所關。於是借皇帝之問，乘機進言道：「但漢王兩次奉敕就藩，都不肯離開南京，現在聽說陛下將遷都，輒請在南京留守。這是何用意，惟陛下熟察之。」他不把話挑明，請皇上自己去忖度。

不言而言，這才是高明的政治手腕。

朱棣聽罷，默然不語，揮了揮手，起身回宮。此番回鑾，他已決計不顧高漲的反對聲浪，強行遷都北京，漢王知道後，多次向他請求，要在南京留守。留守之任非常重大，一般都是讓儲君擔任。漢王的心思，再明白不過了。楊士奇的話觸動了他的心結。他遷都的計畫，已經準備多年，但遭到群臣的強烈反對；他多次出兵打擊蒙古各部，戰事都不順利，韃靼、瓦剌兩部勢力沒有任何削弱，而南方交阯又陷入持續的混亂。這些都令他焦躁，沒有心思在為皇子之間的不合分神。他知道，是必須做出決斷的時候了。

幾天後，眼巴巴盼著父皇遷都後，能夠留在南京獨霸半邊天的漢王高煦，接到了一個意想不到的處分：父皇將他召入宮中，扔下一紙，令他自己看。上面詳細開錄了高煦的犯罪事實，如私造兵器、陰養死士，招納亡命，以及漆皮為舟，教習水戰等，達數十事之多。

高煦驚呆了，原來父皇早已對他進行了暗中密察，搜集證據，只等跟他算總帳了。朱棣對他大加斥責，命人褫去其衣冠，囚繫於西華門內，著令太監黃儼晝夜看管，並威脅說，將要廢他為庶人。高煦彷彿跌入冰窟，半句話都說不出。

這時，侍立在一旁的長兄皇太子說話了。下面一段對白，是我照錄《明太宗實錄》原文，信不信諸公自辨之：

太子見高煦挨批，他做哥哥的，跟往常一樣，連忙出頭，替二弟說好話。朱棣對太子出言相救大為不滿，厲聲道：

「我為你去蝨賊，你反欲養患自及嗎？」

「高煦雖是無狀，但他未必有害臣之心。」太子跪奏道。

「我做父親的，難道還不知道這逆子嗎？」朱棣滿臉怒色。「縱然你千萬分愛他，他自以為是李世民，把你視作李建成，這樣的東西，你能容他嗎？」說罷，忿然起身。

過了幾天，太子復來勸解，朱棣對他道：「你不從我意，日後悔之無及。」又自忖道：「把老二放到什麼地方好呢？青州他不肯去，又決不可再把他留在京師，就是畿內之地[2]也不可容他……」

終於他想到一個合適的地方，對老大說：「我今勉徇你意，不削其爵，將他放於近於

2 明代的畿內之地，所指為南直隸，包括今天中國的江蘇、安徽和上海。

畿內的地方，一旦有變，可朝發而夕擒也。」

他為高煦擇定的封地是山東樂安州。有意思的是，樂安州原名棣州，永樂元年因避朱棣之諱，而改今名。朱棣將這樣一處地方封給他心愛的二兒子，不知是否另有深意？

高煦倒楣時，皇太孫朱瞻基也在一旁侍立，朱棣扭頭對太孫說：「我為君父的還在位，你叔叔尚敢如此，將來他更不會將你父子看在眼裡。你不要忘了我說過的話。凡有危宗社之人，當為宗社除逆賊，周公誅管、蔡，是聖人的所為。[3]」

看官！依我說，實錄的這段記載，前半段或為真，畢竟仁宗即位後，沒有對朱高煦進行打擊報復，他所言非虛；而後半段朱棣告誡他孫兒宣宗的一段話，則我判定定然出自偽造。

朱高煦最後是死在宣宗手裡的，此處記載祖父叮囑孫兒：你叔叔總是要反的，他若反時，你不必客氣，請滅了他吧！你這麼做，我不怪你，相反還要誇你是周公大義滅親的聖人作為。對此我絕不相信，實錄這麼記，明擺著是替宣宗以侄屠叔的不倫行為辯護，拿朱棣來做擋箭牌。而它多麼容易識破呀，簡直就是畫蛇添足。

3　管公、蔡公是周文王之子，周武王和周公的弟弟，他們在武王死後發動叛亂，被周公出兵鎮壓。

當狂傲的高煦大觸霉頭時，朱高熾沒有趁機落井下石，而是苦苦勸諫，請求父親饒恕這個不爭氣的弟弟。高熾顯示出一位元儲君應有的大度、一位兄長應有的友愛。他何嘗不知，這是父皇在考驗他，假若他幸災樂禍，流露出愉悅的心情，整個事件可能立刻會顛倒過來，其結局不可想像。

他再不會說錯話啦！此時高熾的身後有一大群高明而忠心的宮僚輔佐，早給太子的發言定下了基調，他再也不會犯靖難之初那樣愚蠢的錯誤了。高熾正確履行了自己的職責，他跪倒在父親身前，哭泣著請求原諒高煦。朱棣對此表示滿意，他根本無意過分處置愛子，此舉不過是為了打擊高煦的銳氣和倨傲。高熾出言相救，他也就借梯下臺，下詔將高煦左右幾名親信處死，同時削去漢府的二個護衛。

這是永樂十四年（一四一六年）十一月間的事。之後高煦失去自由，一直被軟禁在大內。第二年三月，在朱棣再一次北巡的前夕，高煦被勒令離開南京，到封地樂安州去，即日起行，不准停留。數日後，朱棣的鑾輿也向北京進發，仍命皇太子監國。這是朱棣最後一次在南京停留，也是他最後一次北巡，此後他再沒有回過南京。

三年後，北京宮殿建成，正式詔告天下，宣布以北京為京師，當年年底，皇太子攜皇太孫一起來到北京。又過了三年，朱棣死在北征回師的路上，他的遺體與先已入葬的徐皇后一起，合葬在北京昌平天壽山的長陵裡。

第四十五章　殺死皇帝，擁立三皇子！

書上說，高煦到了樂安，「怨望，異謀益急」，恐怕言過其實。高煦鬱鬱居於樂安小地，一雙空拳，縱有吞天之志，能把天捅出一個窟窿？「怨望」定然為真，「異謀」恐未如是之急也。

總之，自高煦遷到樂安，他這口灶算徹底涼了。但這並不意味著高熾從此安坐太子之位，再無可憂。事實上，這時另一個有力的競爭者，凸顯了出來，他就是三弟趙王朱高燧。

在永樂朝的前半段，高燧年紀尚輕，他在靖難之役中也未聞有何勞績，在很長一段時間裡，他小心地掩藏著自己的慾望，看起來更像二哥「選戰」的樁腳，而不是一個獨立的競爭者。隨著高煦勢力的迅速衰落，他作為皇位競爭者的形象開始清晰起來。

高燧比他粗豪的二哥要精明得多，當高煦在前臺又蹦又跳、喧沸狂躁時，他處事低調，只在暗中籠絡物色可用之人。永樂三年（一四〇五年）二月，在大哥被冊立為太子後，高燧奉命到北京「居守」，由駙馬都尉袁容和泰寧侯陳珪兩位勳臣輔助他，一切政務均須啟王而後行（對親王稟事，稱「啟」）。此後，一直到永樂遷都，高燧長期在北京經營，只是每年回京朝拜一次。

高燧長期獨當一面，使他在北方形成一定的實力基礎。但他最重要的盟友，不是大臣或將軍，而是父皇最為寵幸的太監，如司禮監太監黃儼、內官監太監楊慶等人，而在外朝文武官員中，沒有什麼人擁護他。

總有這樣一等家奴，喜歡生活在主子爭鬥的夾縫中，黃儼就是這樣一個人。他在洪武年間即侍燕王於府邸，資格很老，比如有名的太監王彥（小名狗兒），也是靖難功臣、朱棣駕前親信的閹將，在永樂中曾長期鎮守遼東，此人貴盛如此，也要認黃儼做乾爹。其他知名太監如鄭和等，應該都是其後輩。

黃儼深知朱棣對幼子的喜愛，他把寶壓在高燧身上。《明仁宗實錄》說：「宦官黃儼因為趙王高燧是皇帝鍾愛的幼子，故為之設計，謀奪嫡位。」

但是，由於年齡的緣故，高燧崛起較晚，而高煦較早就是儲位的有力爭奪者，看起來黃儼謀立高燧，似乎在做一項前景非常不明朗的長期投資，反不如投靠高煦來得實際。黃儼對高燧的堅定支持，或許另有原因。不管怎樣，出於對兄長的共同忌妒，高煦和高燧結成了暫時的聯盟，黃儼活躍其中，是永樂朝宮廷紛爭的重要推手。

黃儼此人，在明朝實錄中出現較少，但在朝鮮《李朝實錄》中，卻是個常見的角色。這是因為他多次奉朱棣之命，到朝鮮去征索鷹犬與美色，朱棣的許多朝鮮族妃子，都是黃儼親自挑選而來。朱棣將這等見不得人的穢事交給黃儼來辦，足見對他的信任及兩人關係之親密。黃儼雖然為奴，但他對朱棣的影響力絕不可小覷。

與高煦一樣，高燧奪嫡的前景也是愈行愈難。雖然朱高熾的太子之位，在永樂十五年高煦就藩後，進一步得到穩固，但他艱難支撐、不時而危的局面，並沒有根本改善。前文講到，朱棣曾派侍郎胡濙，以別的名義來到南京，密察太子過失，其背景正出於黃儼的進譖。黃儼向朱棣告發太子「專擅」，未經奏請，即將一些犯人赦免。他知道朱棣的脾性，所以專挑最能令他起疑心的事來說，往往能一言中的。

黃儼以家奴譖本家長公子，正應了那句以疏間親，以卑謀尊的老話，居然奏效！朱棣立即下令，派人到南京去逮捕東宮僚屬，為此多人受到牽累，甚者死在獄中。朱棣還不放心，大概黃儼所告「擅赦罪人」，在他看來有收買人心、諉過於君父的嫌疑，所以特別反感。直到胡濙密疏太子誠敬孝謹七事，保太子沒有異志，這一篇才揭過去。高熾又一次安全度過危局。

其實，即便朱棣以一時之怒，將太子廢黜，皇太子的冠冕也不大可能幸運地飛到高燧頭上。他與高煦一樣，雖然父親的寵愛遠過其兄長，但他與高煦的悲劇是一樣的，誰讓他們生的晚呢？嫡庶有別，長幼有序，這在那個時代是難以逾越的倫理高牆。

除了哥哥高熾，高燧還有一個敵人，那就是皇上的長孫、大哥的長子、他的親侄朱瞻基。

永樂九年（一四一一年）十一月，朱棣冊封十三歲的長孫朱瞻基為皇太孫。朱棣的做法看起來不符合常規，朱允炆被立為皇太孫時，其父朱標已死，皇太孫其實就是皇太子，只是允炆在輩分上屬孫，所以確定他的儲君之號為太孫。如果皇位繼承人是皇帝的弟弟，可以叫皇太弟；是叔叔，可以叫皇太叔。但朱瞻基被立為皇太孫時，他的父親仍為皇太子，活得好好的，這就屬於創例了。

太孫相對於太子，用西方的繼承觀念來說，就是第二順位繼承人。這對於朱高熾是件大好事，他長房這一支的皇位，形成了父子雙保險。

然而，他這邊保險了，高煦和高燧這兩兄弟，哪裡還有戲唱？

朱棣對這位嫡長孫特別喜愛。我們從現存朱瞻基的畫像來看，其實他長得極像他父親，也是鬍子一把，麵團而疏，體肥腰寬，而且跟他父親一樣，喜好文藝，現在流傳的宣德御筆，頗有幾分名家風範。他慾望很強，即位之後，派出大批宦官，到各地去採天麻、打野味。他很會玩樂，存世的宣宗圖卷，既有《行樂圖》，又有《出獵圖》。他玩的法子還多，陽春白雪時，撚筆劃丹青，鋪紙寫詩賦；下里巴人時，他會抱個罐鬥蟋蟀。因為皇帝要玩蟋蟀，天下官民都得替他找，許多百姓被逼得家破人亡，一個孩子竟憤而自殺，靈魂化作一隻蟋蟀，來完朝廷的貢賦。他還喜歡放鷹弄犬，動不動派太監到遼東和朝鮮去獵捕和征索，令朝鮮疲於應付，民怨沸騰……，簡直是一位全才，除了大有堆頭的肥肉，更有堆量更大的才華，和他在一起一定不悶，所以贏得祖父的摯愛。

朱棣即位後，徐皇后帶著朱瞻基來到南京，朱棣找了個機會，讓孫兒出見群臣，《明宣宗實錄》是這樣記的：朱瞻基「儀容儼恪，屹如巨人，群臣瞻望驚異」。這當然是奉承話，亦足見朱棣對此孫的得意。

永樂七年（一四〇九年），朱棣第一次北巡時，就帶上他；次年北征沙漠，命重臣夏原吉輔佐他留守北京，回鑾後就封他為皇太孫。永樂十二年，朱棣甚至帶著他一起進入沙漠掃蕩。朱棣透過各種形式，讓皇太孫「練習國政」，分明是在用心培養一位接班人。

看到父親對兒子如此栽培，朱高熾一定大大舒了口氣。

與高煦一樣，史書刻畫的三王子朱高燧，也是一個「恃寵，多行不法」的胡鬧王爺。為了拱倒他們的大哥，高燧與高煦合流（但並不同黨，他們是為了共同的利益走到一起來的，力往一處使，但心沒往一處想，高燧有自己的心事，他絕沒想過當二哥的忠臣），經常在父皇跟前說太子的壞話，弄得太子如熱鍋上的螞蟻，備受煎熬，坐在儲君的寶座上，如坐針氈。而對於官員們來說，在東宮輔導皇太子，幾乎成為仕途的陷阱，很少有宮僚能逃脫牢獄之災，就連得到皇帝信任的楊士奇，也兩次下獄，而黃淮、楊溥等人，坐牢時間達十年以上。尤其以永樂十二年（一四一四年）那一次最為兇險，東宮所有僚屬全部蹲了大獄，只有兵部尚書兼詹事府詹事金忠，因為是靖難舊人，才得到格外開恩，沒請他吃牢飯，而金忠為了拯救太子，甚至以全家性命為太子作保。

朱棣對高燧「不法」的反應，遠比對高煦的要大。永樂七年（一四〇九年），竟然誅殺了王府長史顧晟，並褫奪高燧的冠服，也虧了太子力解，才得以免罪。朱棣親自挑選國子監司業趙亨道、董子莊為趙府左、右長史，要求他們悉心輔導三王子，而從此「高燧稍改行」。改行之意，未必就是洗心革面、痛改前非，似應理解為從此處事低調，減少了不遜之態。

俗話說，愛之深，責之切。從朱棣對高燧責罰之重、維護之深，可見他對高燧的確是極為「寵異」的，生怕他以後以不法招禍，這與朱元璋在《明太祖皇帝欽錄》中嚴詞訓誡他的兒子們，道理是一致的。而每每由皇太子出場救弟，則有力地提升太子的威望。

高燧在北京經營多年，這些年恰逢朱棣不斷到北方巡行，多次發動北征，並在北京持續進行了大規模的基礎設施建設，數十萬來自全國各地的軍人及工匠聚集在這座未來的新都。高燧長期擔任居守之職，在實際政務中鍛煉了他的領導能力，培育了他的班底，也使他的野心久而不滅，就像壓在亂石下的野草，耐心潛伏著，直待春風，就要滋蔓。

高燧擁有一批鋼鐵粉絲團，在高燧繼位元無望的情況下，竟然在永樂末年預謀發動一場以推戴高燧為目的的宮廷政變。這場政變的計畫是：殺死朱棣，廢掉太子高熾，擁立趙王高燧。

這是一次胎死腹中的政變。

永樂二十一年（一四二三年）五月，朱棣身體不豫，病情一時非常嚴重，有不起之勢。大家馬上想到，一旦皇帝不諱，空出的皇位將由誰繼承。這是個問題嗎？皇太子朱高熾在東宮等待這一天已經二十年了。可是，皇太子登基，那份「從龍升天」的富貴，只便宜了東宮之臣，旁人是無份的。

有人不甘心，就動起歪腦筋，其中以趙王府護衛指揮孟賢等人為首，約欽天監[4]官王射成以及太監楊慶的養子楊某為內應，決心乘皇帝生病，來一場宮廷政變。他們計劃先從宮中進毒，毒死朱棣，然後將事先偽造的詔書從內廷發下，廢掉太子，立趙王為帝。

高燧最為有力的支持者太監黃儼，並沒有參與這次政變計畫，但他阻止太子即位的決心非常堅決，而且他一貫煽風點火，對這次政變的爆發，實際發揮了重要的煽動作用。

4 欽天監掌管觀察天象，並以此預言人事。

據《明太宗實錄》講，太子高熾在主持朝政期間，往往裁抑宦官，而太監黃儼、江保等人尤見疏斥。黃儼等嫉恨之餘，更擔心太子登位之日便是他們的末日，故日夜進讒，實錄講：「多賴皇上聖明，父子親愛，終不能間。」但也不得不承認：自此太子亦很難再見到他父皇了。

父與子、皇帝與儲君，一年見不到幾次面，這就為奸人跳樑留下了空隙。

黃儼是高燧的忠實擁護者，經常詐造毀譽之言，在外廷傳播。而朱棣晚年很少出朝理政，就是一班親信大臣也不容易見到他，只有黃儼等佞幸近臣隨時在駕前出沒。黃儼經常對外發布資訊，稱皇上「注意高燧」，以此誑誘外人。

孟賢任常山護衛的指揮。常山中以及左、右三護衛，是趙王的隨駕護衛。孟賢平時出入王府，與趙王關係較好，他聽信了黃儼之言，遂萌生了邪志。

孟賢找王射成商量，不料王射成說：

「我觀天象，不久當有易主之變！」

天象都顯示了，帝位不久將要易主，那還有假！兩人一拍即合。

孟賢開始積極地謀劃造反大業，首先被他招攬的親信包括他弟弟孟三，羽林前衛指揮彭旭，常山左護衛老軍馬恕、田子和，興州後屯衛老軍高正（又作高以正），通州右衛鎮撫陳凱等人，都是些下級武官，他們日夜潛謀，尋找動手的時機。

根據他們的計畫，將從宮中首先發難，因此，這是一場宮廷政變，如果沒有「貴近」的支持是不可能的。

孟賢等人透過王射成認識了太監楊慶的養子（史書沒有載其姓名，應該也是一名宦官），策劃由高正先寫好「遺詔」，交給養子收藏，待宮中進毒，皇上晏駕，即加蓋御寶，從禁中頒出，廢太子而立趙王；同時起兵劫奪內庫兵仗及符寶，分兵盡捕公侯伯及五府六部等朝廷大臣。

這樣的安排應該很嚴密了，又有宦官的內應，大事之成，總該有七、八分了。

這是一次富貴的盛宴，一旦成功，又一批「靖難功臣」將宣告誕生，世世享受榮華。造反派們非常有信心，在起事之前，高正將此事祕密告訴他的外甥常山中護衛總旗[5]王瑜，拉他一起來掙這份大富貴。

但王瑜一聽，嚇個半死，反過來勸舅舅，說這是滅族之計，千萬行不得。高正哪裡聽得進去，外甥既不肯，且作罷，逕自去了。

5　總旗是衛所低級武官，高於小旗，低於百戶。

為什麼說做大事，一定得心狠手辣呢？就說這位老軍高正吧。他在決定將如此機密之事透露給王瑜時，就應該狠下心來，王瑜與聞這件事，若從他則好，不然，管他是侄子還是外甥，就是一個死字！可惜他把信鴿放出去了，沒有得到回應，也就不再理會，自己接著去「做事業」。結果王瑜為保身家，先行一步，向朝廷告發，把好心關照他的親娘舅給賣了。

朱棣聞訊大驚，他雖然不相信第三子會做謀父弒兄的事，但還是下令，急捕孟賢等逆黨。待涉案人員被一網打盡，全部到案，朱棣命皇太子、趙王、公侯伯、都督、尚書、學士齊聚右順門（今中國北京故宮熙和門）內，聽他親自審問。

偽撰的遺詔很快從宮裡搜到了。莫說這是一份謀大逆的偽詔，就是一般百姓人家，家翁活得好好的，一點都不想死，甚至還特別忌諱別人提到死，卻突然手捧一份由他人私自代書的遺囑，自己的家產被人莫名其妙的瓜分，你說他氣不氣？朱棣一讀之下，簡直要像戲曲中的人物，三屍神暴跳，哇哩哇啦怪叫了！

他回過頭來，問趙王高燧道：

「這是你做的嗎？」

高燧早嚇得渾身抖如篩糠，跪在當地，一句話都說不出。他對事情的起因，的確毫不知情，但這件謀反大案，卻以擁戴自己為名，事到如今，他真是百口莫辯，覺得跳到黃河也洗不清了。

「此事是下人所為，高燧必不與謀。」皇太子在旁代他轉圜道。

高熾並不知道真相，但他作為長兄，必須得這麼說，就像當年他處處維護高煦一樣。

聽大哥開口替他打包票，高燧又愧又怕，他從未覺得大哥如是親切過，頓時涕泗橫流，直呼冤枉。

朱棣氣得頭暈，咳嗽加劇，說不出話來，他命文武群臣及三法司共同鞫（審問）治眾犯，自己先回宮去了。次日，群臣共奏：

「孟賢等所犯大逆，具有事實，當並寘極典，籍沒其家。」

但朱棣嫌鞫問太速，供狀含混，下旨將各家抄沒，王射成以天象誘人，即刻誅之；但主犯孟賢等人仍由錦衣衛窮鞫，不能讓他遽死，一定要他供出主謀。

獄中血肉橫飛，犯人筋骨寸斷。高燧身上雖不痛，心中卻驚惶勿寧；與他同樣備受煎熬的還有黃儼、楊慶等許多人，生怕那些犯人熬不住毒刑亂咬。

數日後，錦衣衛奏上讞書，朱棣批示，將一干人犯全部處死。

高燧雖然沒有受到牽連，但平白受了一次大驚嚇，從此「益斂戢」，對皇位再不敢存分毫侈想了。

這件事趙王高燧是無辜的，他只是孟賢等妄人希圖富貴的一把梯子。但奇怪的是，太監楊慶竟也平安無事。這位楊慶也是永樂朝鼎鼎大名的宦官，據史料記載，他在永樂十八年（一四二〇年）下過西洋，去的是忽魯謨厮（波斯灣古國）等國。他在《明太宗實錄》中最後一次見於記載，就是永樂二十一年（一四二三年）五月，他養子參與謀逆，事發被誅一事。再見於正史（《明宣宗實錄》），則是宣德三年（一四二八年）六月，楊慶營建私第，工部尚書吳中私自拿官家的磚木石瓦相贈，可見他此時仍是貴盛，連尚書老大人都要拍他馬屁。一次宣宗登臨皇城門樓，見一座府邸修建得高大弘壯，詢問左右，知道了這件事，遂將拿官物做人情的吳尚書下獄，而楊慶仍是安然無恙。

楊慶的養子所犯的是十惡不赦的謀反大罪，實錄沒提他的名字，只說是楊慶的養子。按說此人能夠在皇帝的飲食裡進毒，應該是非常「近御」的人物，有可能他在宮內的同夥還不止一人，楊慶很難脫離干係。但楊太監居然歷三朝而寵幸不衰，後來還出任薊州、南京兩地鎮守太監，最後死在南京守備的任上，其必有說。

朱棣是個殺人如麻的暴君，可是他一生重病，生命即刻受到威脅，顯然他殺了那麼多人，並不能使他在自己的後宮獲得安全。恰恰因為他性格太殘忍，殺虐太甚，對下人薄涼寡恩，使內廷為一片陰鬱之氣籠蓋，而人心不服，都希望他早點死。這是一個小小的護衛指揮謀反，都能得到宮廷內應的根本原因。

朱棣在後宮施毒，可詳見後卷〈明宮鬧鬼〉。

第六卷

同氣相殘

第四十六章　一年間帝位三易

經過永樂二十一年（一四二三年）夏天的這件謀反案，皇太子高熾的地位才真正穩固了。

次年七月，朱棣進行了他一生中最後一次北伐，跟前幾次一樣，這回興師動眾也沒有取得什麼像樣的戰果，只當進行了一次漠北巡遊。朱棣甚覺索然，身心亦感疲乏，想旋師，卻羞於無什麼戰績可表，頗感為難，最後借一個夢為自己做了解脫。

他對扈從的大學士楊榮、金幼孜說：「昨晚三鼓時分，我夢到一人，很像世間圖畫中所畫的神人，他對我說：『上帝好生！』連說了好幾遍。這是何兆？」不待楊、金二人作答，他先自己做出猜測：

「莫非是上天同情虜寇和他們的部屬，不忍被我王師剿除嗎？」

「陛下好生惡殺，誠格於天。」楊榮先順他說，然後道，「此番北征，固在除暴安民，然火炎昆岡，玉石俱毀，惟陛下留意。」

楊榮是明初「三楊」之一，他就是朱棣進南京時，攔在馬前，請朱棣先祭陵再登基的那位。瞧他多會說話，既順捋了龍鱗，又婉轉地表達了請求回鑾的意見。

對於朱棣頻繁的向北用兵，朝臣意見很大，但多不敢進諫。朱棣到了晚年，由於服食丹藥的關係，脾氣變得異常暴躁，經常因小事將大臣下獄，甚至殺掉。好比永樂十九年（一四二一年）冬，他召見戶部尚書夏原吉、禮部尚書呂震、兵部尚書方賓、工部尚書吳中等人，商議再次大舉征剿沙漠。

夏原吉作為理財的大臣，知道民力困乏、糧草調度艱難，照實說道：「這些年師出無功，軍民儲蓄十喪八九，災異迭作，內外俱疲。何況皇上玉體才稍微好了些，還須調護，不可輕出！」

他不敢勸阻出兵，只請求皇上遣將往征，勿要親歷戎馬。不料「師出無功」四字大大觸怒了朱棣，當場發雷霆之怒，將老臣夏原吉下獄，家產籍沒，以後一直關在牢裡，直到仁宗即位。不知他還對其他幾個大臣怎樣發脾氣，兵部尚書方賓回到家就自殺了。

楊榮等作為親信輔臣，深知伴君如伴虎，尤其是伴隨朱棣這樣一隻病態的猛虎，有多麼的危險。所以他在進言時，尤其注意婉曲，在是否大征這樣的大事上，絕不敢有絲毫的異詞。他尤善於揣摩上意，朱棣一說夢，他馬上知道皇上此夢的用意何在，立即抓住機會予以推動。

畢竟這是在明初，內閣輔臣不具體管事，他們充當皇帝的師爺，進言論政，較為超脫，不像那幾位尚書，各自負責一大攤子事，動輒掣肘，迴旋餘地不是很大。

「卿言正合我意。」朱棣聽了楊榮的話，點頭道，「豈可以虜首阿魯台一人之罪，罰及無辜？」即命楊榮草敕，派遣使者連同所獲俘虜前往虜部，宣布赦免其罪——所謂「赦罪」，不過是一塊自欺欺人的遮羞布罷了。而不待阿魯台派人來感恩（或更可能是追擊），急忙催兵往關內撤。可是才走到榆木川，就已不起了，得年六十有五。

朱棣死得太突然，軍中毫無準備。大學士楊榮、金幼孜與太監馬雲等人商議，以六軍在外，決定祕不發喪；搜集軍中錫器，熔化為棺，載以龍輿，所到之處，仍像往常一樣，按時進膳。同時派楊榮與少監海壽，騎快馬先行回京，向皇太子告喪。

皇太子聞訃後，立即派皇太孫朱瞻基親自到開平奉迎龍柩。直到皇太孫入軍，軍中才正式發喪，數萬將士才知道原來皇上已經死了。此後一切入殮、下葬、上尊謚，以及皇太子登基、大赦天下等事，皆遵儀禮，不必贅言。

從駕崩到梓宮回京，花去了半個多月時間，兼之軍旅倉促，氣候炎熱，可以想見，在十三陵長陵豪華闊氣的地宮裡，這位暴君、篡位者的枯骨，早已化作了一灘爛泥。

永樂二十二年（一四二四年）八月，皇太子朱高熾在北京即天子位，他就是仁宗。然而二十餘年的辛苦等待，好容易化作真龍，但寶位只坐了一年，就在洪熙元年五月嗚呼哀哉，龍蛻飛升了。

朱高熾即位後，停止了許多勞民傷財的「形象工程」，例如下西洋寶船。他還決定將都城遷回南京，但由於南京一帶在洪熙元年春、夏間接連發生地震，遷都計畫被迫推遲。

歷史經常被這樣一些偶然性因素改變，假如地質條件尚算穩定的南京沒有發生地震，朱高熾在位時間再長一些，他肯定會將都城南遷，大明的京師還是南京，「北京」的名號可能不會削去，但它最終只是一座北邊重鎮，這對未來幾百年的歷史走向將發生巨大的影響。

雖然由於地震（在當時人心目中，地震可不是簡單的天災或地質災害，它被認為是一種可怕的「災異」，暗含著上天對人世的警誡），朱高熾回到南方的願望被迫暫緩，但他南旋的決心絲毫沒有動搖。他將還都南京的決定詔告天下，並在洪熙元年四月，命皇太子朱瞻基南下，拜謁太祖孝陵，遂命之在南京居守。這項任命的目的，一則因南京屢震，根本重地，需要皇太子這樣身分尊貴的人去「鎮壓」一下邪氣；一則讓朱瞻基在南京主持遷都迎駕事宜。可是朱瞻基離京不到一個月，高熾忽然「不豫」，次日即「大漸」[1]，當天就

1　正史中，「不豫」與「大漸」專用在皇帝身上，有特定的語意，「不豫」往往是「大漸」，即病危彌留的先聲，而不是一般的身子不舒服。

駕崩了。在遺詔裡，他將皇位傳給皇太子朱瞻基。

從五月十一日仁宗感到不豫，遣少監海壽到南京馳召太子，到朱瞻基次月初三趕回北京，受遺詔，入宮發喪，前後僅僅二十四天。這期間，因為皇儲不在北京，對於仁宗死亡的消息，沒有對外公布，仍是祕不發喪。

這二十四天，大明的江山沒有主人，是明朝歷史上三次皇位空檔期的第二次，上一次是朱棣崩於外地至回京之前，而下一次是在武宗駕崩到世宗上京繼位這段時間。

《明史・朱高煦傳》寫道：「仁宗崩，宣宗自南京來奔喪。高煦預謀在半路伏兵邀劫，只是因事出倉促，無果而終。」這一情節，取自《明宣宗實錄》。

其實實錄的記載是有矛盾的，如洪熙元年七月（宣宗六月繼位），記漢王高煦奏陳利國安民四事，得到宣宗的讚許，並復書致謝。宣宗自稱為侄，他說：「叔父忠存宗社，遠辱嘉謨，銘感於心，已悉付所司施行。惟頻惠教，是所深望。」稱叔父教訓的是，還望以後多多賜教。此蓋為客套話，不必細究。

然而宣宗一轉身，對侍臣說道：「永樂中，皇祖（朱棣）曾經對皇考（仁宗）和我說，此叔有異心，宜備之。然皇考待之極厚，如他今日所言果出於誠，即是舊心已革，不可不順從也。」

這就是史官編寫的漏洞了。

宣宗在「說」這些話時，還在從善處著眼，認為皇叔高煦已洗心革面，重新做人，顯然對一個月前高煦「伏兵」劫持他的事毫不知情。而第二年八月高煦「謀反」，實錄對他昔日之惡進行了長篇回顧，很肯定地說：「仁宗皇帝大漸時，上（宣宗）在南京，被召還，高煦謀伏兵邀於路，倉猝不果。」

《明宣宗實錄》是宣宗去世後，在正統初年由儒臣集體完成的「紀實小說」，其中有原始檔案的摘錄，也有發揮想像力的猜測與即興創作。我懷疑高煦「謀伏兵」劫駕一說，即屬後者。而實錄這種「小說」，出自多人之手，比不得一人獨運大筆，難免出現前後不一致的地方。況且，記述中還有一個「謀」字，所謀之事，畢竟「不果」於行，既然還沒做，如何能以「思想」罪人？或許，那只是高煦被捕後屈打成招的供詞？

史官那麼寫，其實是合理的猜測。漢王的封地樂安州，在運河邊上，是南北交通的孔道。仁宗死後，派人到南京去接太子，太子從南京急匆匆地往北京趕，來回都要經過樂安地界。大好時機，「謀反坯子」的高煦豈甘心錯過？他不該錯過呀！以此誅心之論入人之罪，史上並不少見。但畢竟高煦沒有動手，甚至連宣宗本人都不知道，而史書將這條大罪加在高煦的罪狀中，我意覺其輕率。

漢王高煦的資訊似不應那樣遲慢，錯過實施「斬首計畫」的絕妙機會；如果能搶在嗣皇帝抵京前將他「定點清除」掉，那空置的皇位差不多到手一半了。

自從永樂十五年（一四一七年）被貶到樂安，高煦一蹶不振，但他壯志凌雲不墜，野心摧折而不滅。據《明宣宗實錄》講，朱棣北征晏駕時，高煦之子瞻圻正在北京，積極地充當漢府的諜報員，「凡朝廷之事，皆偷偷地遣人馳報高煦」，一晝夜間，出京快馬竟達六、七撥子之多。高煦也派了數十批人，在京潛伏伺察，想必其中有不少草上飛，能將京城的資訊以最快的速度傳遞到樂安。可是高煦如此勞碌，竟仍是後知後覺。俗話說，不見鬼子不掛弦，但鬼子（朱瞻基）都過去了，遊擊隊還沒把弦兒掛上。想來高煦老弟一生辛勞，最終只落得一場空，史官們就該尋他開心，拿他當個小丑來編排，耍得他團團轉。

官史還說，高煦父子在京安插密探的事，已被仁宗偵知——用現代諜報片的話說，這個「漢記」交通站暴露了。有人向仁宗建議：「乘高煦反謀未著，發兵擒之，易耳。」但仁宗皇帝不僅不聽，反而待二弟加厚，寫信將他召來，給他加了一倍的歲祿（即享受親王雙俸），所賜寶物，動以萬計。

這仍是史官的故伎：刻畫壞人，不過為了哄抬「聖君」的物價。

前文已略略透出一點資訊，指出仁宗並不是一個胸懷寬廣、以德報怨的大善人，如果他對高煦有所優容，那也應是別有考慮；對這位多年來不停向自己放冷箭的弟弟，他能有什麼純愛？

瞧，高煦父子你來我往，快馬加鞭，探子像動車組一樣來往穿梭，謀反宛如演劇，只聽鑼鼓蹦了個嚓，開鍋一般熱鬧。卻被記錄在案，他父子實際上已陷入朝廷特務的反包圍與監視之中。

朱瞻圻是高煦的次子，他既然被父親安插在京裡作密探，看官一定以為他是父親最為寵愛的孩子。其實不然。瞻圻在永樂時，就因為高煦殺死他的生母，而對父親報有極大的怨憤，屢次奏發父親的過惡，且都是「外人所不得聞者」——大概是些宮闈穢史吧！

對此，高煦異常惱火。當他應兄長之召入京時，就趁機把瞻圻前後所報朝廷密情數十紙，全數上繳朝廷，揭發兒子挑撥之罪。在這些密報中，瞻圻多次向父親拉警報，說朝廷正在討論發兵攻打樂安。

「哪有此事！」

仁宗非常生氣，把瞻圻叫來，訓斥道：「你憑空就能離間我兄弟，何況他人！」

「我是他父親，這逆子尚能在大行皇帝（朱棣）前譖毀我，何況陛下？」

高煦決絕地道：「其罪當誅！」

作父親的竟然主動請求處死自己的親生子，這對父子可謂恩斷義絕。如果仁宗並沒有削除漢府的計畫和行動，而瞻圻卻故意向其父透露這樣的風聲，就是在誘使父親謀反！他大概是想借朝廷之手，逼他父親造反，然後被誅，以報他生母之仇吧！

但仁宗表示：「稚子不足誅。」沒有處死瞻圻，而是罰他到鳳陽看守皇陵。

實錄中這段文字不知是哪位高人寫的，完全是前言不搭後語，不知所謂。前面他寫瞻圻與高煦兩地書來往頻繁，如同拿到了他父子同謀叛逆的實據。搞了半天，結果瞻圻使的是離間計，為的是害他的父親。待高煦在仁宗面前剖白，似乎平反昭雪了，但下文又寫道：「高煦歸國後，有從樂安州來的人，都在下面紛紛議論，說漢王高煦有反謀，只是朝廷還不知道罷了。」

原來高煦還是要反的！

可是，連高煦親子之言都不可靠，這不知姓啥名誰的樂安來客，和他的「私語」，又有幾分可信？總之，朱三王爺謀反，多無實據，全憑史官掉一支筆，「信筆開河」，反正我是被史官大老爺弄糊塗了。

朱瞻圻離間計破產後，仁宗曾斥責他：「你處父子兄弟間，讒構至此！」此言出口，仁宗的心一定陣陣緊揪，湧上來深深的苦痛。憶昔監國時，「處父子兄弟間讒構」的，不正是面前這位正遭循環報應的二弟嘛！

瞻圻以子謀父，悖逆不道，除了殺母之仇，還可能與他父親高煦一樣，因為得不到儲位而憤懣沮喪。我查了一下實錄，高煦的第一個世子名瞻壑（朱家瞻字輩的孩子，名字的第二個字都帶一個土旁，壑同睿），在永樂時冊立。但洪熙元年七月，高煦派世子來赴仁宗之喪，世子卻名瞻坦。我懷疑瞻壑去世了，瞻坦是新冊立者。瞻圻排行老二，其母為高煦所殺，應該是身分較低的婢妾，瞻圻當為庶出。庶子是沒有資格繼承王位的，但瞻圻畢竟年長，眼見世子之冠從他頭頂飛過去，直落到小弟弟腦袋上，心有不甘，故而對其父愈加不滿，就想取父親之頭出氣。

高煦生了這樣一個來討債的逆子，真是報應。

第四十七章　漢王學老爸，也反啦！

宣宗決定對皇叔高煦動手，早在宣德元年（一四二六年）就有跡可循。

這一年是宣德建元之年，在正月元宵節前，高煦差人來獻燈，被宣宗不客氣地回絕了。從宣宗的覆信來看，似乎高煦每年新春、元宵、端午三節都會「重煩勞費」，派人來京貢獻禮品，禮貌甚是周到。有人對宣宗說：「漢府遣人來，以進獻為名，其實是來窺瞰朝廷虛實的。」宣宗答話貌似不經意：「我惟推誠以待之耳。」其實已起了很深的懷疑，故回信不讓漢王再派人來送禮了。

宣宗豈會忘情於這位二叔過去對他父子的傾軋？

想當年祖父朱棣曾經對他說：「凡是危害社稷之人，你當為社稷除掉他。西周初年，周公殺掉叛變的弟弟管公、蔡公，人們不責他以兄殺弟，反稱讚他為聖人，就是這個道理。」意思是，如果你二叔高煦謀反，不要有所顧忌，你可以像周公討伐管、蔡一樣去討伐他。

說實在話，朱棣是否說過這樣的話，你不知我不知，唯有天知。若問我的愚意，我是要狠狠表示一下懷疑的。

朱棣做了一回周公，已然不堪，豈容他的孫子再做周公？禍起蕭牆，同室操戈，不是美事。然而官史編造這樣的記載並非無用，至少有兩大妙用：第一，顯示皇祖朱棣對仁、宣父子是堅決支持的，絕無偏愛高煦、高燧之事；第二，為宣宗即將展開的滅漢行動正名，以表明：宣宗以侄滅叔，心裡沒壓力，因為他有皇爺爺的指示精神做指導。

史家常常就是這樣替主子們打馬虎、圓場子的。

漢王朱高煦在宣德元年八月間，突然在樂安封地反了。

事變來得異常突兀，據《明宣宗實錄》記載，事情的起因是這樣的：此前高煦頻頻向朝廷奏求品物，此番又遣使來求駝、馬，宣宗命賜給駱駝四十峰、馬一百二十匹，又遣太監楊瑛給漢府送去袍服和衣料。這兩批使者出發後，有另一撥回來的公差向宣宗報告：「漢王反跡已彰，漢府護衛官軍四出劫奪，百姓驚懼。」宣宗道：「朝廷待漢王，無所不及，按理說不應遽爾呀！」這句話大有名堂，潛臺詞是：漢王是個反賊的命格，我對他好，他還反得這樣快，太沒良心了。原來宣宗對叔叔的好意，不過是羈縻他，請他反遲些。

很快，軍民上告高煦反狀的越來越多。送駝馬、袍料的兩批使者，不敢再赴樂安，半路逃回京城，都說漢王要反。宣宗大驚道：「難道漢王果然反啦？」

高煦派人祕密進京，聯絡舊交，以作內應。其中一個叫枚青的小兵，來到太師英國公張輔的府上，被張輔當場擒拿，連夜向皇上做了報告。宣宗親自審問枚青，得到高煦謀反的事實。

這時風聲愈急，山東三司（即都司、布政司、按察司）及所屬府州縣，以及真定等衛奏報紛紛而至，都說漢王反情已著。御史李濬是樂安州人，因為守父喪，在鄉居住。高煦召他一起起事，李濬不從，化名改姓，從間道詣京上變。

朝廷彙集各方情報得知：高煦日夜謀議，在樂安城中私造軍器，將本州百姓中的丁壯強拉為兵，破州縣之獄，出死囚而厚養之，以為死士；還在周圍州縣召集無賴勇士，賜以銀幣，將他們編成行伍，授以旗號，練習武事；高煦還暗結山東都指揮靳榮等為助，許多衛所及地方有司官員多有趨附之者。

高煦反旗還沒插，先已大行封拜：偽署太師、都督、尚書、侍郎等官，已定好擇日舉事。高煦的計畫是：先攻取山東會城濟南，然後聚兵犯闕。

如此看來，漢王謀反，是確鑿無疑的了，宣宗遂下令整兵，做一些必要的軍事準備——「而猶未決意討之」，他還沒下定決心與皇叔兵戎相見呢！

宣宗不得不當「周公」了，還要先婉曲一番，他寫了一封信，派司禮監太監侯泰送給高煦，信中說：「昨漢府護衛枚青來言，說叔父有督過朝廷之舉。予誠不信，懷疑是小人離間，不可不告。」

高煦興問罪之師向闕，宣宗用了「督過朝廷」這一委婉的說法。他表示：我不信，這一定又是小人離間！書末還煽了點情，說我皇考仁宗皇帝的至親，只有漢、趙二位叔父，我自即位以來，對叔父如何，神明可鑒。但今小人離間，軍民驚疑，朝廷略為之備，也是沒有辦法。昔日皇祖（朱棣）賓天之初，也有小人造誣罔離間之言，賴皇考與叔父同氣至親，彼此無疑，小人奸計竟不能行。今此輩又欲離間我叔侄，惟叔父鑒之，國家之福，亦宗室之福也。

不知這小人是誰？哪來這許多小人？大概這是宣宗欲行伐罪之師，向高煦索要「小人」

的輿論準備吧！看官，曾記否？當年朝廷伐燕，先抓小人，燕王向朝廷問罪，也是要拿小人。如今宣宗要向叔父動手了，也是先向他身邊的「小人」開炮。高煦若老實，乖乖交出小人，再由小人牽扯出高煦父子，此不為難；他要不肯交出小人，則朝廷只好用兵，逼他交出來。

侯泰到了樂安，高煦盛兵以見，南向高坐，看過侯泰所呈宣宗書信，說道：「朝廷知我舉兵嗎？」侯泰道：「雖許多人這麼說，皇上以殿下為至親，固然不信。」高煦道：「你是舊人，應該知道我舉兵之故。」侯泰道：「我實不知。」高煦道：「太宗皇帝聽信讒言，削我護衛，將我徙置樂安州。我大哥仁宗皇帝不復我護衛，不改封我大城池，只拿金帛封我的口。當今皇帝對我更無顧惜，開口閉口都是祖宗舊制，我豈能鬱鬱永居於此？」於是請侯泰閱兵。漢軍馬兵之盛，令侯泰心悸。高煦得意地說：「我雖以此橫行天下，有何不可！」

「我已遣書入奏，」高煦對侯泰說，「你速速回報，先把奸臣夏原吉等縛來，然後再議本王之所欲得。」

高煦也向宣宗索要奸臣，欲清君側了。

這時有人來報，說朝廷派人來送駝馬袍服，行到半路，都驚怖逃走了。高煦大笑道：「我固知其怯，今朝中必膽落矣！」侯泰心中惶懼，唯唯而已。

待侯泰回朝，宣宗問漢王說了什麼話、其兵勢如何等，然侯泰此時已懷有二心，不敢以實對，只稱不知。

八月六日，高煦遣百戶陳剛齎奏來京，高煦的奏文中對仁、宣父子都有指責，稱仁宗皇帝不當違背洪武、永樂舊制，賜與文臣誥敕、封贈，又說宣宗不當修理南巡席殿等事。

看官，請恕我又要生疑了：我真不信，朱高煦封的那些太師、都督裡，竟沒有一個像樣的人才。人的一生，有多少機會「指斥乘輿」[2]，若是我，既然發了，我拼到吐血也要寫一篇可與駱賓王大罵武則天的豪文比肩的檄文，豈可如此敷衍？高煦所上「反疏」，拘泥迂闊，只糾纏於文臣誥贈、修理席殿這等小事，好無眼量！

想來高煦的檄文，定然為一篇長文，對侄子皇帝的種種失德以及朝廷的過失大加指責，肯定有厲害的猛料，而這正屬官史不容的違礙字眼，只好遮罩、過濾，或概予剿滅了。

宣宗是一位紈褲的「官四代」，他鬥蟋蟀、玩鷹犬，宮廷諱事極多，並派出大批太監到地方及外國征索各類奇好玩物，以滿足他個人的慾望。高煦要抓他的小辮子，其實並不難。過去為了將宣宗塗飾為開創「仁、宣之治」的聖明之主，將這些劣跡都精心掩蓋了。如果能找到這份高煦向朝廷挑戰的檄書，一定能從被覆蓋的歷史硬碟裡恢復許多真實的原

2 乘輿是皇帝的代稱，如謂車駕、鑾輿、龍輿等皆是。

始資料。

高煦數落了朝廷一通，然後學他父親，開列出一張以戶部尚書夏原吉為首的奸臣名單，要求朝廷將他們交出來，不然就要率軍上京，親自幫皇帝清理門戶了。

高煦還請人寫了一篇給在京公侯大臣的公開信，再次對宣宗及其親信「奸臣」進行了指斥，「造誣飾詐，極其詆毀」——瞧，我沒懷疑錯吧！高煦果然有「極其詆毀」之猛料，全被官史消滅掉了——高煦還危言恫嚇，說漢軍已分兵要害，以防奸臣之逸。而從後來高煦在樂安城束手就擒來看，這最後一條純屬宣傳攻勢，是欲震懾朝廷的心理作戰。

高煦的反書都來了，還有何可疑？宣宗遂命兵部榜示中外，決定親征，命英國公張輔隨軍參贊軍中機務。

張輔是明初四朝名臣，他和他父親張玉都是靖難功臣，張玉死於靖難之役，被追封為河間王。張輔初封信安伯。因為他妹子是永樂皇帝的妃子，故而張輔是勳臣兼戚臣。於是有人「提意見」了，說張家父子功高，張輔只受封為伯爵，是皇上考慮到他是皇親國戚，有意壓抑了對他的封賞，這是「以私親之故而薄其賞」。這樣的「批評」，真是討人喜歡。朱棣也很高興，馬上從諫如流，加封張輔為新城侯。永樂四年（一四〇六年），張輔率兵平定安南，改設交阯布政司，使明朝又增加了一個行省。朱棣大喜，在張輔凱旋還京之日，進封他為英國公。由此可見，張輔世襲的公爵，與一般靖難功臣不同，他有實實在在的開疆拓土的大功。

張輔已透過擒獻漢王派來的聯絡員，獲得了宣宗的信任。前文說到，高煦主要代表了靖難功臣的利益，他在燕府舊人中擁有較多的支持者（包括明的和暗的）。張輔大概屬於不太公開的支持者吧（或者並不那麼隱祕，但因為張輔最後投向了光明，朝廷既往不咎，史書便將張家與漢王的舊帳一筆抹去），否則高煦怎麼會在造反時派人來和他聯絡呢？

張輔異常英明地將漢府聯絡員擒拿獻上，果決地斬斷了與漢王的關係——真不愧為英國公！

張輔聽說皇上要親征漢王，主動請征，他說：「高煦徒懷不臣之心，而他為人素來怯懦，而且他的部下也都不是有謀能戰之人。請賜臣二萬兵馬，我保為陛下將此賊擒來，不足仰煩至尊。」

「任卿一人，足以擒賊。」宣宗首先對張輔的忠誠與熱情表示了肯定，然後說道，「但我新即位，小人多懷二心，我若不親行，不足以安反側。朕行決矣！」

宣宗不同意命將代征，而是決定親自出征，於是北京下了戒嚴令，在京師九城大索漢府奸細；同時調兵遣將，敕令各處守帥將兵從征。為了防備高煦明著向北進犯京畿，實則向南襲取南京，特命指揮黃讓、內官譚順等往淮安，與總兵官平江伯陳瑄一同鎮守。此舉有二個作用，一則淮安是南京的門戶和運河樞紐，關係重大，一則以監視主管漕糧運輸的陳瑄，害怕他再來個臨江倒戈，那危害可就大了。

可見，二十多年前的靖難之役，給了當政者深刻的教訓。宣宗親征，正是有鑒於建文帝對其祖父燕王動手太遲，致其有充分的時間做準備，如果建文帝在決策削藩後，能以驚雷泰山之勢，毫不猶豫地對燕王動武，勢力尚還弱小的燕王根本無法抵禦。宣宗深知，他與建文帝一樣，登基未久，人心未附，而叔父漢王在朝頗有關係，他又是能征慣戰之人（而不是如張輔所說的「素怯」之人。張輔是受過高煦勾引的人，他為了自白，不得不那樣貶低高煦），如果不能迅速解決，師老兵疲，還不知局勢會怎樣逆轉呢！好比他親信的司禮太監侯泰，一見高煦的軍容，就嚇得不敢說真話，心裡已存了騎牆觀風的私念。親信貴近如侯泰者尚且如此，其他在朝或地方官員，更不必提了。

宣宗親征，實是高明之舉。但能看透這一點，卻是大學士楊榮。因為是楊榮首發親征之議，他說：「高煦以為陛下新立，必不親行。今出其不意，以天威臨之，事無不濟。」

八月初八日，陽武侯薛祿、清平伯吳成、太監劉順（他是在朱棣入京時奉命「清宮」的太監劉通的弟弟，他哥倆都是靖難功臣）將兵二萬為先鋒，先行出京，只隔了一日，宣宗即率領大軍，浩浩蕩蕩，殺奔樂安而來。

值得一提的是，就在前鋒部隊出發的前兩日，即八月初六日，南京又發生了一次地震。

這是一次災異，還是一次祥瑞？當時人誰都搞不清，只有當成敗已定，一家歡喜一家愁時，才可由史家搖筆論定。

第四十八章　宣宗：叔叔們，我來啦！

高煦起兵後，將部隊分為五軍：青州中護衛指揮王斌領前軍，韋達左軍，千戶盛堅右軍，樂安州知州朱恒後軍，他的幾個兒子各監一軍，高煦本人自將中軍。世子瞻坦居守，指揮韋弘、韋興，千戶王玉、李智領四哨。以上凡姓韋的，都是高煦王妃韋氏的娘家人。乖乖了不得，一旦高煦把天下打下來，這又是一幫彪炳千秋的偉大人物！

看官試想，如果您是朱高煦，當如何用兵？

據官史講，朱棣曾向仁宗解釋過封高煦於樂安的緣由，他說：「樂安距北京數百里，但聞高煦有異謀，可朝發而夕擒也。」此言雖不定出自朱棣之口（事實是，高煦受封樂安在永樂十五年，那時還未遷都，何來「距北京數百里之說」？），卻也正確點明了樂安州作為造反據點的不利形勢。我們從地圖上來看：樂安（今濱州）局促於山東半島一隅，北、東兩面臨渤海，省會濟南在其南，運河要樞德州在其西，都是屯有重兵的大城。朱高煦蝸居於這樣一座小城，以區區不足萬之兵，如欲改天換地，首先將遇到天狗的麻煩：它想吞天，卻無從下口。

若就樂安距北京不過數百里，可朝發而夕擒的形勢來說，朱高煦之成敗實在「一鼓」之間，或一鼓而就擒，或一鼓而決勝。他的謀反大業必須靠奇襲奏效，而奇襲的基本保證則是行動的保密性和突然性。然而，從官史的記載來看，朱高煦恰恰犯了保密不嚴的大過。漢家的兵馬還未出城，山東、北直隸乃至京城，差不多半個北方，都知道他要反了，實錄甚至說，「山東軍民告變者日集闕下」——整個山東的軍民百姓都知道高煦要反了，乃迎向「光明」，主動向朝廷告發。哪有這樣的造反家？須知，朱高煦可不是造反的新手。

高煦舉起反旗之後的選項，其實非常有限。當宣宗率兵從京師出發時，曾問隨臣：「你們看，高煦計將安出？」

有人道：「必先取濟南為巢窟。」

有人道：「高煦過去不肯離開南京，今必引兵南下。」

「不然不然。」宣宗聽罷，連連搖頭，說出自己的判斷：

「濟南雖近，然未易攻，高煦聞大軍至，亦不暇攻。且漢府護衛官軍的家都在樂安，有內顧之心，必不肯丟了家口，去打南京。」

濟南是山東第一座大城，離樂安較近，高煦占據濟南，固然可營為巢穴，較困守樂安為有利，但高煦之志在天下，其意豈只在占山為王？況且濟南作為山東會城，城高兵眾，不易攻取，高煦他老子當年都沒啃下這塊硬骨頭！若倉促不能下，朝廷大兵已到，高煦將腹背受敵，首尾狼狽。

至於隨駕之臣所擔心的，高煦可能南下攻略南京，宣宗則認為，高煦的護衛官軍，家都在樂安，朝廷大軍一到，樂安必為齏粉。叛軍豈肯放棄樂安，徑趨千里之外的南京？

「高煦外誇詐，內實虛怯，臨事狐疑不能斷。」宣宗道，「他今日敢於造反，不過輕朕年少新立，眾心未附，不能親征耳。今聞朕行，其膽已落，還敢出戰嗎？大軍一到，必然束手就擒。」

在官史的這段記載裡，護駕眾臣皆是一群無主見之人，唯有宣宗一人自信聰明。其實親征之計，本是作為隨臣之一的大學士楊榮所獻，並非宣宗的獨見。而在官史裡，將一切榮耀都奉獻給了皇帝！這就像過去的宮廷繪畫，畫中人物都像蟲蟻一般，唯有皇帝一人獨大，如同蜂巢裡的蜂后。所以我們讀這段記載，必當知曉，以上本是君臣帷幄內的討論，只是史官在搖筆時，刻意寫成那樣一個君聖臣昏的樣子，以為宣宗是多麼英明神武的一位君主。這是讀史必須掌握的一個竅門。

話頭轉回來，且說高煦先聽說朝廷以薛祿為將，統兵來伐，不禁攘臂大喜，以為薛祿好對付——活脫脫就是燕王當年初聞朝廷來征大軍的主將是李景隆後的神情。然而，隨即傳來天子親征的消息，高煦登時驚詫無措乎手足，一如宣宗之所預卜者。

驚愕之餘，高煦收到宣宗的勸降信，信中說：「今六師壓境，漢王你若將倡謀者獻出，朕保證赦免你過，恩禮亦復如初。不然，一戰成擒之時，或你部下視你為奇貨，綁縛來獻，你悔之無及矣！」

信的內容還是索要「左右奸人」，它仍屬於宣宗展開的「心理特種作戰」，其預期效果，不在於勸降，而在挑撥離間，讓高煦與部下互生猜嫌，好乘隙而破之。

奇怪的是，從八月初一日「高煦反」，到二十日宣宗親率大軍進至樂安城下，大半個月的時間裡，朱高煦一直困守在樂安城中，沒有任何主動出擊或逃走的動作。

當宣宗車駕抵達樂安城北時，天已擦黑，只見城中黑氣黯黲如死灰，一副慘景，突然有一道青氣，在城的東南天空升起，就像一個人在叉手揖拜。宣宗認為這是祥瑞，第二天即移蹕城南以應之。

朝廷大軍分兵守住四門，連發神機銃、箭（明代稱火器為神機銃炮）示威，一時烈焰轟天，震如雷霆，對城內守軍造成極大的精神震撼。

小小的樂安城被鐵桶似的合圍，捉拿叛賊，直如甕中捉鱉。諸將請立刻攻城，但宣宗不許，他說矢石之下，恐怕禍及無辜百姓，決定再次寫信給高煦，責備他不出城朝見，令其速速來降；午間，又寫一封，反覆勸諭——我都記不清宣宗寫過幾封信了，真是「仁至義盡」！可是不識相的高煦「皆不答」。

他是準備魚死網破了嗎？非也。官史說：宣宗見屢諭高煦不聽，就寫一敕，射入城中，向逆黨諭以禍福。

敕書中肯定有鼓動城中軍民擒獻高煦以贖罪請賞的內容，果然，「城中人多欲執高煦出獻」，高煦沒辦法，不得已祕密遣人出城，詣天子的行帳，請求寬假一天，待與妻子訣別，明日一早即赴軍門歸罪。宣宗同意了，但晚間再看那城中，火光燭天——「高煦盡焚兵器及通逆謀書」，這是他在連夜緊急銷毀謀反證據。

第二天，高煦將出城授首，他的「太師」王斌勸他：「寧可戰死，也不要教人生擒活捉。」此真豪傑之言！但高煦假意回宮，卻覷個空兒，從「間道」溜出城，還是到宣宗大營投降乞命去了。

老鼠進了籠子，還有命好活？如果是一隻老鼠，立刻會被燙死、剁死、踩死、摔死，但漢王爺進了籠子，朝廷還要請他配合演一齣戲，然後再取他性命。

當高煦跪在御幄之外觳觫時，群臣請求將他立正典刑，這是戲的開幕。

宣宗說：「彼固不義，然祖訓待親藩自有成法。」宣宗舉的是《皇明祖訓》，稱祖訓對親藩寬大，即便犯了謀反大罪，也無加誅之刑。而群臣舉起更厲害的「春秋大義」，說春秋之法，大義滅親，請皇上絕私恩，從公理。宣宗仍不准，令人把群臣的劾章拿給高煦看，使其知罪。高煦頓首道：「臣罪萬死，生殺惟皇上命。」這是戲的高潮部分，盡顯凜凜君威與朝廷的「道德戰勝」，敵人只有匍匐乞命的份。

宣宗遂命高煦寫信，召他的兒子們來降。此時，造反的主子沒了，城中亂賊早已作鳥獸散。宣宗下詔，只罪同謀者，脅從者不問，於是「餘黨悉就擒」。

高煦的造反偉業，實在有點莫名其「妙」。作為一個造反經歷豐富的王子，他難道不曉得，以其微弱的兵力、不利的形勢，取得成功的唯一機會，在於採取積極主動進取的姿態？弱者只有不斷地向強大者挑戰，才有存活，乃至發展壯大，最終改變態勢的機會。這已為無數的歷史經驗所證明。就說他父親吧，起兵之初，兵力很弱，環境也非常不利，但他在不停頓的主動進攻中，碾壓、撞擊、粉碎了朝廷征伐的企圖，逐漸使實力與命運的天平向己方傾斜；建文四年，突發奇兵，直襲長江，為靖難之役實現了一個華麗的落幕。

而高煦的表現實在太差勁，以致宣宗群臣對他行動的猜測（北進、南下，攻打省會）全部落了空，只是宣宗稱他將束手就擒的預言應驗了。這太不像一位在二十多年裡，從未停歇地實施篡位陰謀的剽悍王子的舉動。無怪乎有人懷疑，漢王朱高煦是被人「黑」了，他是「被謀反」的。

真相是否如此，從現有史料很難做出判斷，但從趙王高燧差一點也遭到與高煦同樣的命運，高煦之事，可能真的有點冤情。

宣宗在平定高煦後，為炫耀其「武功」，改樂安州為武定州，還親筆寫了一篇《東征記》，發給臣子們閱讀學習。然而這一場實力懸殊的「東征」，叛逆者是自己投降的，往好聽了說，是不戰而屈人之兵，至於「武定」二字，多少有點名不副實。但在事平後擒拿「餘黨」的過程中，卻很有些動刀動槍的陣勢，除了「逆黨」有名的王斌、朱恒等六十餘人（主要是漢府僚屬和樂安州及所屬諸縣受偽官偽職之人）在京被誅外，還進行了廣泛的追究，牽涉到山西、天津、青州、河間、德州等地都督、都指揮、指揮、鎮撫等官六百四十多人，全部被處死。可見，高煦之變中受牽連的主要是世職武臣，他們被指控與高煦有「獻城」之約。其他以知而故縱、藏匿叛人等罪名，本應處死而改戍邊者一千五百多人，在邊為民者七百二十七人。

以上還只是正犯，其家屬亦多隨配戍邊，而發京衛為匠、給官家為奴者就更多了，這就沒法統計了。直到宣德二年（一四二七年）八月，即亂平之後整整一年，朝廷還在「中嚴反逆家屬在逃之令」，大規模地追捕逆犯親屬。在這場曇花一現的叛亂中，數千個家庭遭遇了不幸和飛來橫禍。

宣宗親帥十數萬大軍，興師動眾，赴樂安平定叛亂，只放了幾響禮花，並沒有打一兩場大仗硬仗，好供史官潑墨渲染，山呼萬歲。

捉住高煦後，遂高奏凱歌還朝，一路行到今河北獻縣單家橋，忽有戶部侍郎陳山在路邊迎謁。此人偷偷從京裡跑出來，荷包裡夾了一條毒計，要獻給皇上。他密奏道：漢、趙二王實為同心，請皇上挾戰勝之威，襲取彰德府，抓住趙王，並除二害。

宣宗聽了不免心動，諮問扈從的閣臣。可是閣臣的意見發生了分歧，楊榮一力贊成，楊士奇堅決反對，他說：「事當有實，趙王並無謀反實據，無罪而廢之，難道天地鬼神是可以欺蒙的嗎？」

明初著名的「三楊」，頭兩位就是楊榮與楊士奇，他們的府邸，一個在東，一個在西，又稱東楊與西楊。東、西二楊本來不合，意見亦常南轅北轍。這回，在是否順帶手把趙王也滅了的問題上，他們所見又生牴牾。

楊榮厲聲道：「汝欲阻撓朝廷大計嗎？逆黨都供稱與趙府有謀，怎麼說師出無名？」

楊士奇道：「皇祖太宗皇帝三個兒子，皇上只有兩個叔父。有罪者不可赦，無罪者就應厚待之，疑則防之，使之無虞而已，豈可遽然加兵，傷皇祖在天之意！」

西楊之見，要在不可傷德，畢竟趙王反形未著，驟然加兵，天下後世不可欺。「三楊」中的另一楊，名楊溥，是個溫雅的儒者，與西楊一樣，也是東宮出身，他贊同楊士奇的意見。雙方爭執不下。那時不興投票表決，只好請皇帝仲裁。東楊先跑到御幄裡，遊說皇帝，等到西楊再去請見時，宦官就不讓進了。顯然宣宗已經採納了楊榮的意見，不容他再置喙。

楊士奇不甘心，跑到吏部尚書蹇義和戶部尚書夏原吉那裡，請他們代為轉奏。蹇、夏兩人答應了，在去見宣宗時，把楊士奇的意見說給皇上聽了。據《明史・高燧傳》記載，陳山在密奏剷除趙藩之計時，也曾邀蹇、夏二人一起去給皇上說，似乎他們也同意陳山的動議。

那麼這兩位重臣到底是何態度？宣宗曾對夏原吉說：「往者卿等言趙王事，朕皆拒卻。昨又有數人密奏斯事」云云，可見夏原吉是贊同陳山、楊榮的主張的，但他們在削藩這樣重大的問題上，不敢過多表明態度，也不願駁了正炙手可熱的楊士奇的面子，給自己惹來麻煩。夏原吉剛當了一回朝廷「奸臣之首」，還心有餘悸呢！

宣宗最終接受了楊士奇的意見，決定不對三皇叔高燧用兵。但朝中要求對趙王有所處分的呼聲很高，因為高煦到京後，承認曾派人與趙王高燧通謀，就算趙王沒有參與謀反，他知情不舉之罪，也是跑不了的。戶部主事李儀還舊事重提，說趙王嘗有異謀（指永樂二十一年五月宮廷政變的那件舊事），今雖屈伏，並非心死，而是其力有所不能，請求削除趙府護衛。尚書張本也揪舊事說，往年孟指揮所造逆謀，趙王未必不知，今與高煦合謀舉事，俱有明驗，陛下忍而不發，是養癰貽害，絕對不可以了。夏原吉語氣稍緩，也說：「人言不可不思，但在處之得宜」。宣宗諮問楊士奇，士奇說：「趙王最親，陛下當保全他，毋惑於群言。」建議宣宗將群臣的劾章封示給趙王看，令其自處。

宣宗覺得如此較為妥當，遂遣駙馬廣平侯袁容攜帶璽書及群臣的劾詞，到彰德府拿給趙王看。「吾生矣！」趙王不憂反喜，立即上表稱謝。他是個聰明人，知道光表態是不夠的，必須把懷中之璧獻出來，方能免主上生忌。高燧在洪熙元年就藩時，已經辭還常山左、右二護衛，只剩一個常山中護衛，這回他將該護衛連同王府所轄群牧所、儀衛司官校一併還給朝廷。宣宗見他機靈懂事，同意收回護衛（將王府護衛改為普通的軍衛，由都司管轄），但仍將儀衛司還給趙府。

高燧至此躲過平生第二場大難。

從當時朝廷的輿論來看，多數人都是贊同處置趙王的，一報前仇，二不留後患。要不是楊士奇等人努力勸阻，趙王被廢，幾乎成了定局。

在古代，謀反與殺人放火等刑事案件不同，當事者反與不反，常常不是靠確鑿的證據說話，而在「謀反者」是否對當政者構成現實的威脅。漢王高煦被除掉後，趙王高燧只是一隻剪去爪牙的病虎，已不能構成朝廷之害，但宣宗念舊仇，必欲拔之，他不反也反了。然而宣宗聽楊士奇等人勸說，以為在漢王的事上已然樹威，在趙王身上不妨樹德，如此威、德並生，豈不兩全其美？宣宗為此意所動，心思一轉，趙王便是反跡昭著，反亦不反了。

史書多書宣宗為此非常感念楊士奇，對他說：「趙王所以得全，全賴愛卿之力！」其實倒是宣宗不為已甚，違眾之言，寬以待之，才是高燧免遭削除的關鍵。

陳山在獻計後，得到宣宗的寵愛，第二年初奉命入閣。但他在閣只待了一年，宣德三年（一四二八年）十月即「輟機務」，不再在內閣辦公，參與機務了。

史書多將這次人事變動解釋為宣宗因他首發征趙之意，故此厭嫌他。其實這是對史料進行選擇性解讀得出的片面結論，因為論者忽略了一個重要事實：陳山是如何進入內閣的？陳山本只是戶部侍郎，在向宣宗獻計後，才得到皇帝屬意，第二年被特擢進入內閣，以戶部尚書兼謹身殿大學士。此時離他發起征趙之議，已經過去半年了，宣宗沒有忘記他，對他的獻計之功做出獎賞。至於他在入閣近二年後失寵，那是別有其故，與他謀算趙王，毫無關係。如果宣宗僅僅因為陳山倡議順手幹掉趙王就厭嫌他，那麼楊榮又如何？楊榮可是此議最為積極的支持者，可是宣宗對楊榮的信任，終身不變。後世史家將陳山出閣與他當年的建議混為一談，要嘛是於史實失察，要嘛是故意借陳山的「偏狹涼薄」，以烘托宣宗的仁德。

第四十九章　做王爺，必須抗壓性好！

其實，自永樂二十一年（一四二三年）未遂的宮廷政變後，趙王高燧早已噤若寒蟬。他父兄在位時，總還是照應他的，但他侄子宣宗即位後，高燧自存尚且不能無憂，哪還敢存絲毫的非分之想！

然而他就是保持最大程度的低調，把頭卑微地埋在塵埃裡，也難免「人在家中坐，禍從天上來」。宣德元年（一四二六年）初，還在他二哥高煦「造反」之前，一個名叫刁二的定州籍男子，身背黃色包袱，到他府上來求見。打開包袱一看，裡面裹著素色黃紙、白紙各二幅，一個畫花，一個畫人。這個叫刁二的，應該就是那種能飛會遁、捉鬼招魂，上觀天象，下察地理，前知五百年，後知一千年的術士，官府稱之為「妖人」，今天我們稱之為「大師」。恕我無學，刁二在黃、白素紙上畫花畫人，不曉得是何把戲，有何說道？但肯定是某種隱含「天機」的祕語或讖言。

「王爺，」刁二向趙王爺展示了圖畫後，說道，「您是命中有大福分的人，豈止拘拘於彰德小地？」

比王子還大的福分，不言自明，那就是帝王的命格了。

誰知趙王高燧並無他二哥漢王高煦的膽量，此時他最怕這種「好事」招惹上門，一聽刁二之言，幾乎嚇得昏死，急令左右將刁二拿下。他不敢隱瞞，將此事奏聞朝廷，自稱「此妖妄也，不敢隱」。高燧深知四下密布朝廷眼線，若不趕緊奏明，被人搶先揭發了，一個「包蓄禍心，招誘無賴，左道惑眾」的帽兒摜下來，那才真要冤死人的！

「趙叔不得不言。」宣宗覽奏後，似乎很體諒趙皇叔的心事，對侍臣說，「他若不主動舉發，小人就會拿此事借題做文章，造為離間之詞。往年告王府謀逆事，多是如此。」

「賴陛下日月之明，小人之計不行，宗室之福也！」侍臣奉承道。

宣宗說的是大實話。不過，如果他心中真的如此光明坦蕩，大可命地方官或刑部官員按大明律例中有關「妖言」的律條處置即可，但他卻下令錦衣衛嚴鞫（下到詔獄，就變成「欽案」了），把刁二抓到牢裡，一頓死打，還不知揪出怎樣的主謀和同黨呢！當時在北方數省，民間祕密宗教傳播非常廣，信眾也比較多，像刁二這樣透過妄造妖言希圖富貴的神棍多如牛毛，幸虧高燧及時揭發，擺脫了干係，否則禍患真不在小。

刁二事剛了，高燧的奏疏又來了，稱本王已經就藩，但在北京廣有倉裡還存有未支祿米八百五十石，我不要了，請讓北京戶部接收吧。這份奏章，看似高燧在表忠心，其實他是在耍滑頭：他明裡說京倉這些糧食不要了，但那都是趙府的祿米，是他該得的，區區之數，朝廷若照單全收了，未免顯得朝廷貪圖小利——他的本意是向朝廷催要這些糧食。

宣宗洞穿了他的肺腑，讓戶部收了趙府的祿米，同時令平江伯陳瑄從淮安所屯漕運糧米裡，如數勻出一部分，送到彰德趙王府，補償趙王。宣宗這麼做，表面看起來，是重趙王之請，骨子裡卻是照章辦事，一報還一報。一般這種情形，朝廷首先應該降敕表彰，對王府的「無私精神」予以肯定，然後給予一些賞賜，但宣宗對高燧的做法無一句評語，一分一毫算得清清楚楚，互不虧欠，溫情的面紗下分明透出了宣宗與至親的趙王之間深深的疏離與隔膜。

由這件事可以看出，高燧是個重利、好使權術，而乏大體的人。這些毛病，對於一位從小嬌慣的王子，其實是一種「職業病」。所以，儘管高燧之國後，刻意顯示低調，但其「表演」愈令人察覺到他的不安分。故此，當漢王事發時，他幾乎惹火燒身，差一點遭到爵除國滅的下場。

高燧的事還沒了呢！

對於這等令皇帝不放心的人物，就是要時刻「琢磨」他，令其有後顧之憂，無法安臥枕席，這樣皇帝才睡得著。高燧在封國彰德府過得一點都不安心，他和掌彰德衛事都指揮王友就鬧得很僵。

王友大概是受了密旨來監視高燧的，又或許他見高燧渾身濕答答，宛如一隻落水狗，便樂得幫忙來打。總之他處處與趙府為難，讓高燧既惱火，又拿他沒有辦法，只好不停地向朝廷奏訴委屈，說王友出入盛陳兵衛，日夜以兵封圍王府，不令護衛軍校出入，就像本王造反，王友奉旨拿問一般，闔府上下驚恐不寧。

王府一個養馬的小廝名叫得受，不明原因從府中潛遁，卻被王友拿住，送上京去。這更令高燧恐懼，害怕得受屈打成招，說出對王府不利的話來。他慌忙上奏，泣訴王友的悖慢。宣宗回信給他，加以安慰，說皇叔是國家至親，小人之言，絕不能間，表示已降敕切責王友，令其改過，否則必處之重法。

像王友這樣欺負親王的事情，在洪武朝是絕不敢想像的，在《明太祖皇帝欽錄》裡就記載有地方守臣「欺王」，被處以剝皮之刑的例子。但自建文帝削藩、永樂帝鉗制親藩，地方官與王府作對的事，已經屢見不鮮，尤其是像趙王這等朝廷主要「關照」的對象，地方文武守臣與其勢成水火，更是習以為常。宣宗不處分王友，也不調動他，只空言「切責」（嚴厲的批評），高燧毫無辦法。他這個王爺做的憋屈，只要無事，度一日算一日罷！

偏偏樹欲靜而風不止，王友剛剛和趙王互相奏訐了一回，餘溫未盡，死灰復燃，趙王的把柄又被王友抓住了，這回更厲害，是告趙王謀逆，並且握有實據！

事情的起因是：王友於彰德城外查獲一矢，上面繫著一封書信，打開來看時，竟是周藩祥符王朱有爝寫給趙王高燧，商量同謀為逆的信，書末加蓋著祥符王的圖書（印），其內容都是「忿怨朝廷，指斥乘輿」，且相約「連兵犯闕，以復高煦之仇」。

原來趙王還尋思替漢庶人高煦復仇咧！王友如獲至寶，張大其事，向朝廷報告。

看官，你是否覺得此信來的可疑？串謀大逆的書信，怎麼會遺失？它不祕密封在蠟丸裡，繫在箭桿上何為？不單您生疑，宣宗看到信，也有疑問。他懷疑這封信出自王友的偽造，因為趙王剛剛奏他暴慢無禮，這封趙王謀大逆的信就出現了，是不是太巧合？他下令將王友及其左右親信逮到京城來鞫問，又致書周王朱有燉，令他密察此事，同時把祥符王朱有爋召上京來面訊。

這消息傳得飛快，趙王高燧很快就知道了，他幾乎暈厥過去，預感到大事不妙。

這封大逆不道的信件，到底是漢王高燧與祥符王有爋通謀作亂，還是出於王友的報復陷害？王友等人被下到錦衣衛獄裡，反覆鞫訊，沒有異詞，堅持不承認是他偽造了這封反書。而祥符王朱有爋到案，他一看信，馬上說：「這不是外人做的，都怪為臣愚昧，不能與臣弟新安王有熺相友愛，使他深惡於臣，這肯定是他府中下人所為。」

案子出現新的人物，宣宗要把案件查個水落石出，便敕召新安王朱有熺上京。這時周王有燉密訪也有結果了，他說新安王有熺曾經派人去過彰德，很快就回來了，考其日月，與信中日期正好相合。新安王的疑點頓時上升。

宣宗心中大概有數了，立刻差宦官帶領錦衣衛官校趕赴河南，將新安王有熺派到彰德府辦事的差人祕密逮捕。朝廷特務的行事效率倒高，他們在周王的配合下，同時抓獲了受新安王指使私造偽書、偽印之人，一併拿到京城。等新安王到案，見人證物證俱在，無話可說，只好承認，此事確實是他所為，但他吐露說，他其實是受了汝南王朱有勳的指使。原來背後還有人！

宣宗於是又召汝南王有勳來京，命在京親王及皇親、文武大臣共同訊問。新安、汝南二王為了推卸責任，互相揭發對方的陰私惡事：汝南王奏新安王好殺人，喜歡生食人的肝腦，新安王亦奏發汝南王謀害周王數十事。

這位汝南王朱有勳是周定王朱橚（朱元璋第五子）的嫡次子，但他父子不合，當年建文帝削藩，第一個拿朱橚下手，便是因為朱有勳出首告發其父有不軌的行為，導致朱橚被削奪囚繫。朱棣即位後，朱橚復爵，遂奏乞誅殺此逆子。朱棣饒了朱有勳一命，將他發遣到雲南大理居住。過了一些年，才回到河南。此人惡念不衰，又起了奪嗣的心。因為他哥哥，也就是現任周王朱有燉沒有兒子，早年由周定王朱橚做主，將有勳的庶長子朱子壿過繼給有燉為子。朱橚死後，有燉嗣位為周王，有勳為了爭嗣，千方百計要周王允許子壿歸宗，周王被他鬧得沒法子，只好令已經成年的子壿仍為有勳之子。

看官或不解了，有勳為什麼要這樣做？他兒子是周王之嗣，等周王百年後，他親生之子不就能繼承親王之位嗎？原來，朱有勳是自己要做親王！他的打算是，假如周王無嗣，待周王薨後，他便可依「兄終弟及」之義，自己來嗣封，何必便宜兒子？他讓己子歸宗後，周王沒了子嗣，他完成了奪位的第一步。

但周王比他大不了幾歲，搞不好活得比他還久，親王之位仍是無望。第二步就是要儘早將周王從王位上驅逐出去。為此，他日夜謀害周王，經常上疏奏訐周王的過失。只可惜還未得逞，先因嫁禍祥符王而落網。

新安與汝南這兩位王子性情兇暴，臭味相投，他們都厭惡兄弟祥符王，遂合謀私刻祥符王圖書，偽作了一封祥符王寄給趙王高燧的書信，故意棄置於彰德城外道旁，讓與趙王有隙的王友查獲。他們的算盤打的好，只是沒想到反而引火焚身，狗咬狗一嘴毛，結果一起倒臺，都被廢為庶人，連其家屬，全被監禁在北京。

趙王高燧在這個案子中完全是無辜的，只是因他樹大，別人作浪，便拿他來招風。事白後，宣宗特地給他寫了一封信，說明事情已經搞清楚了，請他不必介懷，並特別說明：「叔叔與我心腹相照，明過皎日，哪裡是那等奸凶小人所能離間的！」

此事發生在宣德三年（一四二八年）初，打這以後，始終縈繞在高燧頭上的那團烏雲，才漸漸遠去了。高燧從此安心做了幾年王爺，到宣德六年（一四三一年），在彰德封地安靜地去世——在永樂之後，對於尊貴的親王們，安靜便是福了！

第五十章　晉王鹹魚大翻身

「高煦之變」後，凡與漢王高煦親近之人，都遭到牽連。趙王高燧是他的親弟弟，又「素有異心」，自不必說，趙王爺在宣德朝所受的那些磨難，全是在還舊帳。那位汝南王朱有勳，也是被「索債者」斷了指，因為他「自少與高煦善」，和反王高煦是髮小。另外還有一位巨頭，乃現任晉王朱濟熿，朝廷也給他記著帳，終是在劫難逃。當法司以高煦之獄牽扯到晉王濟熿，要求「並治之」時，宣宗的答覆很微妙：「晉王自洪武中即與高煦相好，他有沒有逆謀，未可知，亦不必問。」宣宗說晉王是否參與謀逆，「其謀有無，未可知」，其實已給晉王的命運蓋了戳，「不必問」，只是暫時不必問，終還是要問的。

第三代晉王朱濟熿，是周恭王朱棡的第三子，第二代晉王濟熺的弟弟。官史說他「自幼以狠戾失愛於父」（看來，漢王的好朋友中，是沒一個好人了）。太祖朱元璋曾召秦、晉、燕、周四府世子及諸王庶子之年長者，教於京師。此事前文在講方孝孺使離間計，企圖收買燕王世子朱高熾時，已經提到。當時上京的還有燕府二郡王高煦、周府二郡王有勳和晉府三郡王濟熿，三人皆是「邪譎」之徒，臭味相投，經常綁在一起玩，而都不為太祖所愛。

這是否是事實的全部，今已無法考證，但三人結局相同，都是嗣位爭奪戰的失敗者，卻是確然無疑的事實。從這裡我們看到，自朱棣開了個好頭，朱家內爭已進入一個「戰國時代」。

洪武三十一年（一三九八年）三月，晉恭王朱棡去世，世子朱濟熺嗣王位。濟熿作為庶子，受封平陽王，本與晉王之位無緣。但晉王濟熺為人寡德暴戾，在他嗣位的八年間，不斷被人舉報。在這些告訐者中，既有宗室慶成王等藩王，也有府中官校軍士匠技，也就是從各級領導到一般群眾，都在賣力地告發晉王之罪過，「月積歲累，言人人同」。唯獨平陽王濟熿上告較少，給朝廷留下良好的印象。

有人認為這些針對晉王濟熺的告訐，其實都是濟熿隱藏幕後挑撥操縱。不管事實如何，濟熿確實從中獲得了巨大的利益：晉王在長年累月的攻訐中終於垮臺了，永樂皇帝朱棣因為他過錯太多，將他和他的世子美圭都廢為庶人，而改封濟熿為晉王。濟熿奪嫡成功！

但濟熿嗣封後，驕恣暴橫的本態暴露，此人心胸狹窄，睚眥必報，一府之人都受其毒害，比過去有過之而無不及，為此積累了很深的怨懟。

永樂末年，有晉恭王宮中的老媼入訴朝廷，朱棣才知道廢晉王濟熺父子被濟熿囚禁虐待十年的慘況，在北征途中親自召見廢晉王父子，因可憐侄子美圭困頓累年，封其為平陽王——這是濟熿進封晉王前的王號——令他奉父在平陽府居住。

美圭封王後，與濟熿開始了長期的口水戰，常要勞煩朝廷出面調停。

對於握有權勢之人，最可怕的是出現一個競爭者，所以權勢者總是千方百計將對手摧毀，或將任何潛在的對手扼殺於萌芽之中——鬣狗和獅子不是經常互相吞噬對方的幼崽嘛——這對於政治生物來說是最好的自保之術。晉王濟熿在王位上安安穩穩坐了十多年，突然冒出個死對頭美圭，他若不能毀滅之，他的好運也就到頭了。

朱美圭本是晉府世子，若不是受父親的連累，現在做晉王的應該是他。美圭的遭遇本來就令人同情，晉王濟熿撿了便宜，搶了人家的寶位，竟還小氣，為了幾塊水邊的灘地與美圭累訴不休，連仁宗都看不過，責怪濟熿不重同氣，毫無矜恤之心。濟熿還沒意識到，這個倒楣侄兒是多麼可怕的對手。

美圭向朝廷投訴，說他父子被廢，是被叔叔「誣構」的。但仁宗不願重提舊事，更不願就美圭的指控啟動調查程式，只是勸說他：「你們兄弟叔侄本同一氣，你做侄子的，只要盡誠恭愛，他當叔叔的必然顧念你。一切不好的往事就不必再提了！」

濟熿便以為美圭不足恤、不足慮，對他毫無警覺，而對朝廷主持公道，在裁決時稍優於美圭，懷有極大的不滿，經常口出悖逆之語。他又好巫蠱，常在府中招來一些術士，畫符作法，日夜不休。這些情報都被美圭暗中刺探到，只待時機，上演一齣明代版的「王子復仇記」。

機會很快就到了。漢王高煦謀叛事敗後，趙王高燧、晉王濟熿均被視作其同謀，受到嚴厲的糾劾。與叛賊同謀，這樣的罪名，在那個時代幾乎是無法倖免的。濟熿的地位岌岌可危，周圍的人開始背叛他。

十餘年後，濟熿終於親身體驗了他哥哥廢晉王濟熺同樣的命運。

從宣德元年冬天到二年的春間，寧化王朱濟煥以及府中下人數十人，接踵上京首告晉王不法，晉王的劣行接連不斷地曝光，如他毒死嫡母謝氏、與晉恭王侍兒私通、虐待廢晉王父子等，這是宮闈失德之事；更有人直指他潛蓄逆謀，與高煦同心造亂，意在謀危宗社，高煦敗後，他深懷忿恨，遣人招致四方妖術之人，以皇上生辰八字潛行魘咒，甚至誣毀先帝，訾詈百端，且私造兵器，操練軍馬，將圖犯闕云云。簡直是十惡不赦的大魔頭，似乎高煦都有所不及。其實許多罪狀都是眾人推牆，落井下石，未必都是「指陳實跡，具有證驗」。

晉府人員的告發，立即得到朝中的呼應，廷臣交章劾奏，要求嚴處晉王的呼聲一浪高過一浪，輿論的炮火挾著呼嘯，一齊向晉王宮轟來。

濟熿內外交困，害怕極了，遂決定以退為進，主動上疏辭爵。

有趣的是，宣宗在覆信中不說別的，只講漢王高煦「造逆」之事，對濟熿與高煦「交通為謀」，「約舉兵策應，共圖大事」等罪狀，並無一句明示，僅僅說：「叔何嫌何疑，遽有辭爵之言」？而沒有像對趙王一樣，明確表示不信，加以安撫。濟熿不知道，宣宗不准他辭，並不是「杜絕小人之讒，以全親親之美」，而是已經決定公布他的罪行，並削除其爵位，只是稍緩其事，以待最好的時機。

宣德二年（一四二七年）四月，就在宣宗前信發出後不到一個月，朝廷便下敕符召晉王濟熿上京，將其廢為庶人，送往鳳陽看守皇陵，家屬一同居住。

但平陽王美圭也沒有得到他夢寐以求的王位，宣宗只是下令，命他將爺爺晉恭王朱棡還活著的妃嬪從晉府迎到平陽奉養，並未讓他承襲王位。晉王之位，從此空置了八年，直到英宗（宣宗之子）即位後的第二月，才正式進封美圭為晉王，還居太原。美圭從晉王世子的寶座上跌落紅塵，苦苦等了二十多年，終於鹹魚翻身，登上本該屬於他的晉王之位。

第五十一章　好「漢」銅缸化作灰

漢王高煦倒臺了，這個可憐蟲將許多人帶進了墳墓。

宣德元年八月，初平高煦，在給諸王的敕諭中，宣宗宣布了對叔父的處置決定：「以親親之故，不忍棄絕，令同宮眷居於北京，以全始終之恩。」高煦父子被廢為庶人，囚禁在皇城西安門內專為他一家人所建的囚室裡，淒慘地等待死神的召喚。

看官，講到這裡，容我賣個關子，試問一句：若依了官史所言，宣宗是那樣明明德、寬仁慈聖的一位皇帝，他的「高煦叔」將如何收場？大概在大聖人的感召下，高煦將洗心革面，重新做人，並得到侄皇帝的寬宥，獲得一次新生的機會吧！然而，這樣的神話，只在聽說過卻未領教過的上古三代才有的哩！

《明宣宗實錄》沒有記載高煦是如何死的，一般這種情況，都是當事人未得善終，而官方又欲加以隱晦，不願提及，故此採取這種隱蔽戰術。《明史・高煦傳》則謂：「高煦及諸子相繼皆死。」

野史留下一個駭人的說法。《菽園雜記》的作者陸容，是成化二年（一四六六年）進士，曾與一位太監「談漢府事」，因問起漢庶人高煦所終。那太監講得繪聲繪色，如同親見，說：漢庶人高煦被執，鎖在逍遙城內，一日宣宗不聽左右的勸，跑去看他。這宣宗大概把這位倒楣叔叔當猴子看吧！站在他面前，「熟視久之」。朱高煦被他看得不耐煩，趁其不備，突出一腳，將胖大的宣宗勾倒在地。左右急忙將皇帝扶起。

看官可想起昔日朱家兄弟謁陵時，高煦譏笑皇太子高熾腿腳不便，戲言「前人蹉跌，後人知警」，宣宗隨在後高喝一聲「更有後人知警也」！何等機警豪邁。哪想到今日會有此一跌！不管宣宗這一跌有沒有吃到異物，外面傳起來，都叫狗啃泥。耍猴的卻被猴兒耍，獵鷹的被鷹啄，宣宗氣急敗壞，惱羞成怒，肚皮裡頓生一條毒計，要慘斃二叔之命。

他命人抬來一口銅缸，將高煦蓋在下面。看官不要以為便是故宮內貯水的那種大銅缸。紫禁城裡的銅缸，每個約重二噸，不是一般壯士所能移動的。然而蓋高煦之缸，也在三百斤以上。可是高煦被罩在裡面，居然猶能運功，頂負而動。宣宗叫一聲好！命人多取宮中好炭來，堆在缸上，發起山大一盆炭火，愈燒愈烈，最後連銅都燒化了。待到火滅，再看那驕傲的高煦，已「不知其處矣」，莫說骨頭，連個人形都沒留下。

以上是陸容從太監那裡聽來，我又從陸容那裡抄來。但此說未可盡信，興許在太監那裡已經有十足的創意和加工了。

嘉靖中在刑部任過職的張合，說國家重刑有不載於律例者有三，分別叫夜刑、火刑和煉刑，其中火刑與煉刑都是用來懲罰叛逆宗室的。處死朱高煦的即是火刑。據張合講，火刑置人銅缸下，四旁燃起炭火，熾烈鎔銅，人亦隨化。他所舉受刑而死的例子，正是漢庶人高煦。但我猜他與我一樣，都是從陸容那裡聽來，因為陸容提供的是獨家新聞，其他凡言高煦之死者，皆是其分店。

至於煉刑，則是令謀逆宗室懸帛屋樑，投繯自盡，簡單說就是上吊。它的新名堂，是在犯人死了之後：罪人既死，將屍體丟在柳條筐裡，筐裡放了二石黑豆，雜以麻餅，上面不用再加柴火，就這麼焚燒，過不了一會，屍體就被燒成像芥末一樣的微粒，直接傾倒即可。這大概就是常說的焚屍揚灰。因為此刑有點像煎煉，故以「煉」名之。張合說，寧庶人（寧王朱宸濠）與同叛諸宗室，失敗被擒後，都是在通州（今中國北京通州區）受了此刑。

張合還說：「三刑之中，夜刑尤慘，獨以加之外臣焉。」所謂夜刑，就是將罪人衣服褫盡，用板子夾緊，兩頭死死捆起來，直挺挺令人想到一隻熱狗。可下面一開「吃」，就不好玩了：用刑時從腳到頭，一寸寸將肉鋸去，鋸掉的肉當即餵給狗吃——一群狗把活生生一個人像熱狗一樣吃掉。為什麼叫夜刑呢？原來此刑只於深夜進行，以此得名。據說正統間被太監王振害死的官員劉球，就是被夜刑處死的，事後劉球的子孫到錦衣衛獄裡尋找遺體，只得到血裙一角而已。

張合這位「法官」（刑部是法司，在該部任職者可稱法官），與許多明代人一樣，好記奇聞異事，「國家重刑」本是法官職司之事，但張合寫書所依據的，卻不是刑部的成案，多為當時流行的野史傳說，他所著《宙載》一書，裡面有許多破天荒的奇聞。好比所謂火刑，就明代而言，僅周顛與漢王高煦兩例，都是皇帝一時興起，法外施刑，未必有此專刑，更別說特製了來對付有異心的宗室成員。

且說宣宗殺叔的手法也夠慘毒了。但他這招，並非原創，也是學來的；他的師傅，不是別人，正是其曾祖父太祖朱元璋。

朱元璋曾親筆寫過一篇《周顛仙人傳》，文中主人公姓周，人稱周顛。顛同癲，周顛說白了就是周瘋子。洪武皇帝當然不能為瘋子作傳，他避開癲，而用顛，謂其行事顛顛倒倒，人不能測，實是一位異人。

周顛如何癲呢？朱元璋在應天府（南京）作丞相時，他動不動跑到朱元璋駕前，反覆說三個字：「告太平！」朱元璋初不曉得他的好處，當他是個要飯的瘋子。現在商鋪門口經常碰到這樣的人，說幾句吉祥話，討個彩頭，好求老闆打賞幾個。但朱元璋這位大老闆不是和氣生財的商人，你惹他的毛，他一定想方設法搞死你。而朱洪武殺人，不毒不行，沒有創意也不行。他先用燒酒猛灌周顛，讓他來個醉死夢生，但周顛偏偏醉不死，酒喝高了，瘋得更厲害，「日顛不已」。

朱元璋被他顛得幾乎要抓狂，就下個狠手，「命蒸之」。他可不是拿周顛當饅頭來蒸，其法如何？他用一口巨缸將周顛子丟在裡面，缸的四周堆積蘆葦和柴火，加猛火來燒。這就是張合說的火刑了。

好大一棚火燎起來，燒了半晌，待薪盡火消，揭缸看時，周顛卻儼然如故，像沒事人兒一樣。

朱元璋不信邪，下令：「加火，再蒸！」——不蒸饅頭爭口氣，蒸不死你！

於是又添柴火又拉風箱，燒了又燒，想來孫悟空在太上老君的煉丹爐裡也化了，再揭缸來看，只見煙凝於缸底若張棉狀，周顛以頭輕輕碰擊，竟微微滲水，他隨即就醒來了，又蹦又跳，渾然無恙。

原來缸裡大燒活人，是朱家祖傳的手藝。可惜朱高煦沒有周顛的手段，他雖然膂力剛強，筋骨如鑄，到底只是個血肉之軀，一「蒸」即斃。

話說高煦有異志，亦好異人。有一個姓王的，夢到有人授他一部書，交代他說：「讀吾書可衣緋，不讀吾書止衣綠。」紅與綠的官服代表了不同的官品，夢中人說話意思是，你命中有貴緣，但想有大出息，必須得看我送你的這部書。

這夢裡來的富貴，令王某甚感驚奇，沒想到數日之後，果然在路邊撿到一部書，打開看時，正是夢中所得的那本。你說此事奇不奇？高煦知道了，派人來買這部奇書，同時邀請王某去王府作幕賓。王某卻說大話道：「想我來，非詔旨不可！」高煦就把他推薦給父皇。那時朱棣正在營建陵寢，聽說王某有異能，就徵召他上京，據說長陵的基址就是此人所定。

這是關於高煦好異術的絕少記載，見於好談古怪的《王文恪公筆記》，事不甚可信，大概把高煦請出來，也就是做個傳遞手，由他將異人王某引薦給朱棣，其要在於說明陵寢的選址。想來宣宗不會以為這位皇叔真得了道，當登仙了，遂煉一把真火來送他一程吧！

在史上有賢德之名的宣宗，用殘忍的方式對稱為「國家至親」的親叔叔實施了人身毀滅，其實被他殺害的親戚不止高煦一人，看官可還記得齊王朱榑？他是朱元璋的第七子、宣宗的親叔祖，也是死在宣宗之手。

朱榑父子在建文帝時被廢為庶人，燕王登基後復王位，不久又被廢，禁錮於西內（大內之西，皇城西安門內，應該與囚禁高煦的地方很近），失去自由已經十餘年。到宣德三年（一四二八年）時，不知什麼緣故，突然福建建陽有一男子，詭稱「七府小齊王」，自製親王冠服，自立護衛，欲謀不軌。事情很快敗露，該男子被械繫上京。據他供稱，本名樓濂，他所行之事純屬自為，與廢齊王父子並不相干。樓濂及其黨徒數百人一起被誅，不久以後，朱榑連同他三個兒子也一起「暴卒」。一家人同時暴斃，顯非善死，他們應被宣宗以「寧可錯殺不可放過」的原則，下手剷除了。

幸虧宣德，宣宗年號裡還有一個「德」字，稍存恕道，饒了老叔祖最小的兒子朱賢爀一命，將其安置於廬州（今中國安徽安慶）。景泰五年，為加強對廢宗的控制，將齊、谷二府庶人都遷到南京，由南京守備太監集中看管。到嘉靖中，谷王一系已絕，齊王遺裔才獲解錮，可以自由婚嫁出入了。當時的齊庶人，已是朱榑的曾孫。

可嘆祖先失德，奈何令子孫世世做囹圄之活鬼？無論建庶人、齊庶人、谷庶人，都是朱氏子孫，皆無辜被錮數十上百年，皇家所謂「親親之義」，不過是一幕人倫慘劇中的空口號罷了！

第七卷

服毒家族

第五十二章　帝王「三字經」

古代帝王作惡，沒有不犯在貪、暴、淫三個字上的，這是他們專用的「三字經」。

中國史上頭兩個混蛋大王，一個是夏桀，一個是商紂，這兩大惡人差不多並列第一，故合稱「桀紂」。夏、商兩代事蹟太少，連博學的孔老夫子都嘆息「文獻不足證」，說不出個子丑寅卯。然而愈到後世，他們故事愈多。尤其是紂王，經古史辨派史學大師顧頡剛先生梳理，關於「紂惡」的記載竟達七十件之多，然而多為後世所添加的油醋（參見《紂惡七十事發生之次第》）。

紂王之惡，在貪淫方面，首推饕餮，酒池肉林，沉醉如泥；又讓宮中男女裸體奔逐（莫非是「裸奔」之祖？），他還寵一個狐狸妲己；在暴虐反面，名堂更多：為取媚婦一笑，對忠臣大施炮烙之刑；因不耐煩叔父比干的忠諫，竟把他心挖出來，扒拉著數有幾個竅；研究完忠臣的心，又斷老人之脛，剖孕婦之嬰，割駝子之峰……，種種倒行逆施。到明代《封神榜》書成，紂王已自立門戶，超絕於「十大惡人」之上了。然而，紂王的這些罪惡，絕大多數都是好事者附會敷衍出來的，早在春秋時，孔子的高足子貢就看不過眼，說了句公道話：「紂惡不如是也，是故君子惡居下流，眾惡歸焉。」一個人只要壞啦，所有壞事都往他籮筐裡裝；要是成了模範人物，則天下好事全是他做的。也不是只欺負紂王一個，後世這樣的「典型」多的是。

其實和桀、紂比起來，朱家父子才是真正的超級大混帳。但何以大家不像痛斥紂王一樣大罵之？明代人說話，動輒山呼「兩祖（太祖、成祖）列宗」，凡事向他們乞靈。即便當代學者，眼界已開，不再只知朝廷和聖賢聖王，看到的資料也多，仍不免大談其「歷史功績」，歌頌其「雄才大略」。我想，這便是古代史書與史官幫忙的結果了。古代帝王沒有戈培爾的納粹宣傳部，但他們有兢兢業業的史官，有欽定的「正史」與官書，也有文字獄裡的大砍刀，所以照樣有造謠與重複謊言以為真理的工具。然則桀與紂的不幸，只在於他們亡了國，洋槍隊打散了，吹鼓手也被敵人擄去，只好繳械，聽人在歷史的砧板上宰割。而朱元璋祖孫數世，可喜皇運悠久，國脈延長，威武堂上，刀斧手聽用，還怕本朝先帝畫出來的不是一副喜容？

朱元璋、朱棣父子殺人之慘、行事之暴，許多書講過，我實在不願多重複，本書只講他們的貪、淫。

且說朱棣的乖孫兒宣宗朱瞻基，寫一筆好字，又會畫畫，僅此二事，就可定為「右文」了。可是宣宗畫完畫，就溜到偉大皇帝的肖像幕後，鬥起蟋蟀。玩就玩唄，他還硬逼百姓向他進獻，當做新的朝廷貢賦，翻遍天下的石頭縫，就為逮摸幾隻擅鬥的蟋蟀，最後把一個可憐孩子逼死了，化作一隻蟋蟀來應付官府。

宣宗凡事學他祖父，祖父好色，他亦好之；朱棣北征，他亦北巡，在京郊打個轉兒，獵幾頭獐子豹子兔子，便是「尚武」了；偶爾一次興起，稍稍出了趟古北口，便大吹大擂，好大一個泡泡「武功」。但他寶位沒坐多久，就丟了一個省的祖業（交阯行省，版圖約當今越南北部），這筆大虧欠的爛帳卻隱起不計，反說他恤民。

總之，宣宗的「事業」，多是公子哥的舉動，但後世史家竟抽瘋抽出一幅「仁宣之治」的糖畫來送給他。他哪裡有什麼「治理」，不過多承餘蔭，貪天下之功罷了！

朱棣和朱瞻基這爺孫倆，一個是病夫，一個是短命鬼，這與他們喜好逐淫大有關係。古語說，財是陷身之阱，色是戕身之斧。明代皇帝壽多促，朱元璋活了七十有三，朱棣就只六十有五，而這已經是朱家壽數的狀元與榜眼了。第二方陣，可排上世宗嘉靖帝與神宗萬曆帝，前一位在位四十五年，後一位四十八年。看官或想，他們該是耄耋上壽之君了吧！其實不然，探花嘉靖帝活了六十歲，已是第三長壽了。萬曆帝才五十八歲，盛年還頗富餘韻，即已危而難持，而他也得個第四名。其餘的都是協力廠商陣，彷彿人生長跑的中青年組，多為三十幾歲，年幼的才二十二歲便休矣（熹宗）！

看官，請想一想，一個人要怎樣自虐自殘，才活這幾歲年紀？

許多人堅定地認為，皇帝夜夜御女，縱淫過度，淘空了身子，才這麼短命。這裡有數個例子，如《崇禎宮詞》唱：「古訓由來戒色荒，九重杜漸慮方長。聞香心動傳嚴禁，恐有巫云誤楚王。」宮詞後所附注釋，採自《明季北略》第三卷「聞香心動」條，說崇禎帝即位之初，一日在宮中批閱奏章，突然「聞香心動」（我謂是陽動），乃詰問近侍太監：此物何來？太監答稱是宮中舊方。崇禎叱令毀之，勿復再進，因嘆息道：「皇考、皇兄皆為此誤也！」

崇禎的皇考是光宗朱常洛，即位一月就吃了掛麵；皇兄是熹宗朱由校，在位七年，二十出頭也死了，沒有子嗣，這才便宜了同父異母的弟弟信王朱由檢。

「皆為此誤」的潛臺詞是：光宗、熹宗都是聞香陽動，臨幸女子過多，精盡而亡的！光宗死的過速，前後整整一月，有人說，他是中了鄭貴妃的美人計。

鄭貴妃是神宗的寵妃，還生了皇子（福王朱常洵），便恃寵而驕，總想把太子之位從朱常洛那裡奪過來。結果爭嗣失敗，還是朱常洛做皇帝。鄭貴妃為了討好常洛，就送了八名美女給他。她的本意大概是請皇上將對她的怨氣化作幹勁，在這幾位美女身上宣洩，且饒過我吧！不料皇上奮鬥過甚，身子垮了，命也丟了。——這只是外朝的傳言，未知其的。但這話頭，與「皇考為春香所誤」，是別無二致的。

我不敢相信，宮中所焚之香，在裡面摻發情之藥，是明宮舊例。那是種什麼香？《明季北略》還附記二事：

其一，崇禎帝一日與詞臣講論治理之道，至一更天還未退，忽然站起來，命太監秉燭繞行，遍閱壁隅，不知找些什麼。然寂無所見。崇禎便命熄燈，黑夜之中，遙見殿角火星微燿，立命毀壁。打爛牆壁一看，內有小太監一名，持香端坐於內。詢之，才知是魏忠賢派來的。原來魏閹見崇禎勤於政事，故意燃香，「使欲心頓起耳」。崇禎說：「我方靜攝（指不近女色），忽然心動（我謂還是陽動），所以才疑有故。」即命去之。

這個故事有個疑點，那個捧香端坐的小璫，他受香的好處最多，他陽物雖然沒了，但心為何不動？

其二，也與魏閹有關。說是崇禎初立，魏忠賢即進國色四人。崇禎欲不受，怕他生疑心，就笑納了。入宮後，即命渾身上下搜查，並無他物，只每人腰帶裡都佩有香丸一顆，大如黍子，名曰「迷魂香」。人一觸之，魂即為之迷矣。崇禎知非善物，命勿進之。

以上三說，前兩說其實都可歸入「聞香心動」，是一個故事的兩個變種；前者說是「舊方」，後者則加進生動的情節，不再說是舊方，直指為魏忠賢「蠱惑君心之計」。第三說中，香已然變了，不再是殿中爇爐中所燃之香藥，變成了美女所佩的香丸，並有了一個迷魂香的名字。

我武斷地說一句，這種燃燒之後能令人發情的香料，怕是沒有的。人在行房之際，吹滅燈燭，唯燒一炷香，朦朦朧朧，煙霧繚繞，調些情趣，增些助力，或是有的，但若謂它能令人夫鼓起未有之神武，則是聞所未聞。

以上三說中，以第三說最奇，亦最不可信。我原以為那迷魂香不是就那麼藏在腰帶裡的，要等那幾隻妖精在施陰陽大法時，偷偷扔到香爐裡吧？但細讀文字，說的是「人一觸之，魂即為之迷矣」。這是什麼化學物質？其神異之奇效，已超出那個時代的科學水準了。據我看電視上的科學節目，這樣的神藥，到今天還沒發明出來。不過民間傳說中，這樣的藥很不少見，網上還有賣的，搞得人心惶惶，但經警方破獲，發現多是騙財者的道具，迷人時，總還差些火候。

其實，增進性能力的最好辦法，還是服藥，今天最好的男用春藥，不是需要吞服的威而鋼？傳說「聞香識女人」，女人哪是聞聞就好的——催情還是要煉丹家上場。

第五十三章　仙藥不服，服凡藥耶？

皇帝在皇宮裡享有完全的性自由。對宮中女性，他們享有隨時臨幸的權力。好比明憲宗某日到內藏書室讀書，偶見女史紀氏，怦然心動，就把書扔下，學現代人來個「裸體閱讀」……，隨後便生下孝宗；又如神宗，在母后宮裡玩，見侍女王氏面貌姣好，「玩性」頓濃，不久便生下光宗常洛。孝宗、光宗這兩位皇帝，都是其父在後宮游龍，偶爾戲鳳，「搞」出的結晶。而那種令人「聞香心動」之香，即便有，也一定異常名貴，價值不菲，哪是隨便擱哪兒都能燒的？顯然憲宗、神宗的這兩次性行為，都沒有依靠迷魂香催力，純屬自然發情。

皇帝雖然不愁新伴侶，但每日御女，炮彈發射多了，總有一時不舉的尷尬——我認為，「不舉」是男人的一種自動保護機制，不舉時，就是該休養的警告和時機了，與讀書久了，脖子酸痛無異。所以若無猛藥幫忙，人是不會「淫死」的。而這等淫藥，多出自太上老君的煉丹爐。

道家有一門功夫，叫煉丹。但凡配得上「神仙家」稱號的道士，一般都擅兩個絕活兒，一個是行氣導引，一個就是燒煉。燒煉有燒銀子的，也有煉丹藥的——多麼貼心！人的財色之慾，都照顧到了。

中國人服食仙丹的歷史很長，然而滿天之下，據我的陋見，除了《西遊記》裡的孫悟空，吃了一大把丹藥，愈加活蹦亂跳，其他人多是沒好下場的。因為丹藥是由多種化學成分構成，性烈如火，初服下去，對人體有明顯的刺激作用，久之會造成無法挽回的神經及臟腑損傷，伐命之物，以此最佳——不流血、不折胳膊腿兒，還比較爽，有飄飄欲仙的幻覺。

在明代皇帝中，朱棣是所知最早服食丹藥的。

朱棣體弱多病，患有多種疾病。中年以後，每況愈下，折磨他的，主要是個痿症。看官切勿望文生義，以為痿症便是陽痿。痿症有多方面的表現，如肢體筋脈遲緩，手足痺軟無力，行動受限，久之肌肉萎縮，嚴重的會下肢癱瘓；那話兒一條鼻涕似的在襠裡拖著，威風不振只是痿症之一。朱棣曾自述得病是「北征出塞，動至經年，為陰寒所侵而至」。他言其病根是軍中勞苦，兼之受了風寒入侵所致。

當時有位吳江名醫，名叫盛寅（字啟東），他給朱棣診脈後，稱「上脈在風濕病」。朱棣大以為然，服藥後很快見效，更加高興，遂授盛啟東御醫之職。

有關記載顯示，早在永樂之初，尚在盛年的朱棣，就已經為疾病所苦。永樂五年（一四〇七年）九月，他在與太醫蔣用文討論養生之道時，說了下面一段話：

「人但能清心寡欲，使氣和體平，疾病自少。如神仙家說服藥導引，亦只可少病，豈有長生不死之理？」

他特別批評了供佛求壽的愚蠢行為，說「近世有一種疲精勞神（的行為），佞佛求壽，此又愚之甚也。」

此言可謂不差，就像身邊經常有人說：煙要少抽，酒要少喝，否則肺也黑了，血管也爆了。其實拿這些話來做口頭禪的，多是難以拯救的大煙槍、大酒鬼，只可聽其言，然要在於觀其行。依照此理，朱棣講「清心寡欲」，各位看官大人，且不忙信他，倒是他說的「神仙家說服藥導引」、「佞佛求壽」，值得格外留意。

當時禮部郎中周訥從福建回京，向皇上說起閩人最為尊奉南唐徐知證、徐知諤，福州有一座洪恩靈濟宮，其神最靈。朱棣是個找神拜的主兒，他聽說有這般靈驗的神，趕緊派人南下，去迎徐神畫像，連同廟祝一併請來，在京城也建了一座靈濟宮，並祀二位徐神。每次生病，都會遣使來問神請方子。而廟祝則「詭為仙方以進」。這種煉丹房裡煉出的仙藥，藥性多熱，朱棣吃了之後是何反應？《明史・袁忠徹傳》記：

「服之輒痰壅氣逆，多暴怒，至失音，中外不敢諫。」

且說那二徐真君是什麼來頭？原來他們都是五代時軍閥徐溫的兒子。徐溫的義子是徐知誥，更名李昪，建立了南唐。徐溫一共六個兒子，活下來的僅是知證、知愕二人。他們曾入閩平盜，死後據說魂靈便留在福建，護佑閩人，很是靈驗，「祠之多靈應」。

二徐在宋代被封為真人，是道教俗神和福建民間供奉的神祇。——中國之神甚多，且從不問神的出身，可以說，中國人的精神上升之路，還是有點平等意識的。只可惜，人只有死了才能「上升」，活著，還是活受罪。

北京洪恩靈濟宮是道教宮觀，建於永樂十五年（一四一七年）春間。而《國榷》永樂十五年八月甲午條始記：「甌寧人進金丹及方書。」神仙的房子都建好了，神仙還不紛紛來下凡？

「此妖人也！」

從朱棣對甌寧人進丹的答覆來看，他似乎還未走火入魔，頭腦冷靜得很，騙子根本不可能騙得了他。他說：

「秦皇、漢武，一生為方士所欺，妄求長生不死之藥。這夥騙子又欲欺朕耶？朕用不著金丹，請他自己吃吧，他進的方書也燒毀了，不要讓他再欺騙世人！」

在今天中國福建福州閩侯縣青圃鄉，有一座始建於五代的道教宮觀大王廟，所祀正是二徐真人。該廟於永樂十五年重建，賜名靈濟宮。傳說大王廟裡的神醫曾神孫（曾辰孫）

曾經揭榜進京，用二徐真人賜的靈藥，治好過永樂皇帝的病，故此龍顏大悅，敕令重建宮觀。

記載還說，朱棣因得了個久治不癒之症，有人推薦了道士曾辰孫，曾道士到了北京，就在大內建起神壇，扶起鸞來。

扶鸞，又叫扶乩、扶箕，《辭源》是這麼解釋的：「扶鸞，舊時迷信，假借神鬼名義，兩人合作以箕插筆，在沙盤上劃字，以卜吉凶，或與人唱和，藉以詐錢。因傳說神仙來時均駕風乘鸞，故名。起於唐代，明、清盛行於士大夫間。」

許多人知道筆仙，而對扶乩並不了解，它們其實頗有相同之處。扶乩是兩人共抬一個簸箕，上面插一支筆，先由主壇之人做法，邀請神仙下降。神仙來了做什麼？主要是替主人卜吉凶，有的只與主人唱和一番，即飄然而去，並不說禍福。

神仙的話，透過簸箕的運動，寫在沙盤上。我曾聽心理學家解釋筆仙的原理，似乎很簡單，然而扶乩卻較為複雜，鬼名堂非常多。近人許地山先生編著《扶乩迷信的研究》一書，收了大量歷史上的扶乩故事，我讀過之後，仍覺有許多謎是不易解開的，許先生也沒給出詳細的解釋。

扶乩術在明、清盛行於士大夫中，那麼多有學問的人都輕信上當，我存點疑，就算比較清醒了。我確信扶乩不過是騙人之術，它就像令人驚詫的魔術，雖然手法高明，令人稱奇，但奇不代表它就是真的。

我猜，福州大王廟之所以「禱祠輒應」，主要是廟祝曾老道善於扶乩，他自己不開藥方，只請鬼來開脈案，神神叨叨，雲山霧罩，把鬼一打，讓人靈魂出竅，弄得自己的病是輕是重，也迷糊了。

話說曾神醫的乩壇上很快降下來兩位神。請教兩位高姓大名？答是二徐真人。於是曾神醫恭恭敬敬問：有疾如此，當服何藥？兩位神仙也不問他要出診的錢，鸞筆就在沙上如飛地運行起來，很快開出藥方。朱棣如法煎服，居然起了奇效，身子大為清爽；朱棣遂大起信仰，甚至還夢到二徐真君親自給他送藥來了。

曾老道立下大功，他趁機奏請，請求皇上為二徐真人在京建宮加額。朱棣馬上答應了，就在皇城以西建了一座洪恩靈濟宮，賜額靈濟，一如閩中。第二年更分別加封知證、知諤兄弟為九天金闕和九天玉闕真君。

我們將相關資料一排比，不難發現，《明史》裡說的廟祝，就是福州大王廟的曾辰孫，引薦者是禮部郎中周訥。曾辰孫不知醫術究竟如何，但這位老道的把戲卻是扶乩請神。神降的方子，不會是普通的藥方，我懷疑就是丹藥。否則何以數月之後，就有福建甌寧人進獻金丹與方書之舉？還不是此人見曾辰孫進藥受了重賞，心中豔羨，乃照此辦理，以投皇帝之所好。

至於朱棣卻金丹之獻，還說秦皇、漢武都受過方士的騙，我有前車之鑒，是絕不會再上當的；但請注意：他話中之話，只說長生不老不可信，卻沒說丹方療病不可信。朱棣的確不佞佛，「佞佛求壽」的事他不會幹，但是，他是佞道的，「佞道求壽」之事，不僅幹了，還是大幹特幹。自朱棣起兵「靖難」，就開始大造輿論，說得到北極玄武大帝（真武）的蔭佑，即位後花了十年時間和鉅資營建武當山宮觀，以奉祀玄武大帝，又將武當山改名為太和山，稱為「太嶽」，位列五嶽之上。

明眼人一瞧便知，朱棣不問醫而求仙，他一定病得不輕，甚至可能隨著年齡的增長，病情有了令他焦慮的發展。

朱棣服藥後，病體暫有起色，但副作用隨即產生了，情況非常嚴重，其表現是：「痰壅氣逆，多暴怒，至失音」。也就是體內之氣逆行，痰積於襟喉之間，而性情變得愈加暴烈，動輒發怒，怒時甚至於失聲。秦始皇說過：「天子之怒，伏屍百萬，血流千里。」誰還敢進諫！

只有一人敢勸幾句，他就是神相袁珙之子，同樣是著名相士的袁忠徹。前文說過，他父子倆都是朱棣非常信任的私人。

有一天，袁忠徹入侍，見皇上一陣急咳，那情形似要把一肚子下水都吐出來，表情非常難受。他忍不住諫道：「此痰火虛逆之症，實靈濟宮符藥所致。」朱棣一聽，忍咳怒道：「仙藥不服，服凡藥耶？」忠徹不敢再諫，只是叩頭痛哭，勾得一旁兩個太監也哭起來。朱棣更生氣了，下令將太監拖出來打，恨恨地道：「忠徹哭我，我是要死了嗎？」

所以說伴君如伴虎，正是這個緣故，左不得，右不得，哭不得，笑不得。總算袁氏父子與皇帝交情深，到底還是免了打屁股，否則那一「腚」要鮮花怒放的。

由此事可見，朱棣在服食「符藥」（符指將符紙燒了融水）後，性情愈為狂暴，邏輯和思維能力都受到一定影響。當時朝鮮使臣稱朱棣「處事錯謬，用刑殘酷」，正是此意。

其實，導致痿症的原因非常複雜，除了朱棣自認的風濕，外邪入侵、情志內傷、飲食不節、勞倦久病，均可能引發痿痺之症；而貪淫好色，縱慾過度，是痿症形成的重要原因。《素問．痿論》說：「思想無窮，所願不得，意淫於外，入房太甚，宗筋弛縱，發為筋痿。」人若房事過多，腎元不守，骨髓衰竭，正氣大虧，必然加劇病情。若此時服食符水、丹藥，頗覺心火復盛，精力煥發，足以催動全身元氣，奮而向前。但這實際上是虛空的假像，是飲鴆止渴。服食丹藥就像吸毒，久之會形成依賴，並對全身臟器及精神造成重大損害。

痿痺本為肢體痺軟之症，久之那「話兒」講話也無力了，變得濕答答、軟綿綿，活像一條鼻涕。當「一代雄主」發現自己雄風不振時，只有更多地服藥，以求片刻的振作。但久之戕害更甚，造成一個惡性循環，其結果是可想而知的。

第五十四章 《1000種死法》，仁宗一人占了四種

上文講到，朱棣因為多慾，而本人的精子與精力都有限，只好借道家仙藥來催發潛能，結果性燥之藥反而延燒成一把烈火，把他提前送回老家。從史記來看，他是在出師途中暴亡的。在死之前，他只是感到身子不適，急忙旋師，但他絕未料到會死在半路上。夏日行軍，天氣炎熱，他的屍骸沒有條件好好保存，想必當龍輿回京，在內廷入殮時，已經臭不可聞了。

說起來，朱棣祖孫三代都是暴崩的，這與他們都喜歡「吸毒」有關。

仁宗朱高熾是怎麼死的，至今仍是一個謎。楊士奇在《東里文集·聖諭錄》裡，回憶了仁宗在「宮車晏駕」前一月裡的一次召見。

楊士奇說，仁宗從小受太祖皇帝的影響，對星象之學頗有研究，經常夜觀天象，默察人事。他常常對東宮輔臣說：「宋、元儒者多曉習（星術），不可忽也。」洪熙元年（一四二五年）四月的一天，尚書蹇義、夏原吉、楊榮、楊士奇等人在奉天門奏事畢，和皇上聊起閒

話，仁宗問他們：「夜來星變，可曾見否？」四人都搖頭：「未見。」仁宗拿眼望楊士奇，道：「他們三個雖見不能知，你應知之。」大概楊先生家藏天文望遠鏡，也常看流星雨的。不想楊士奇也道：「臣愚，亦不能知。」

仁宗嘆息一聲，說道：「這是天命啊！」也不把話說明，就起身回宮了。幾位重臣面面相覷，不知何意。

第二天早朝罷，仁宗又把蹇義和楊士奇召上奉天門，和他們嘮些私話。

「我監國二十年，為讒慝所構，心之艱危，我三人共之。」仁宗開口說起舊事，感喟不已。「幸賴皇考仁明，才得以保全。」言訖已泫然泣下。

蹇、楊二人也陪著流淚，楊士奇勸慰道：「今已脫險即夷，皆先帝所賜，亦陛下至誠之效。」仁宗嘆道：「然則我去世後，誰復知我三人同心一誠？」遂取出兩件敕書與銀印，賜與二人。

連著兩日的奏對，仁宗輾轉反側，繾綣用情，楊士奇初不覺其可怪，只當皇上顧念舊誼，與舊臣嘮幾句嗑，共同緬懷當年的艱難。但後來回想起來，或許當時仁宗已透過星變，知道自己將不久於人世——因為僅僅過了一個月，果然「宮車晏駕矣」！

我們作為現代人，已經知道，天上不管哪一顆星，變與不變，與地上之人都沒有半根寒毛的關係。古人相信星變，純屬自作多情。

仁宗是個高明的預言家，但他能預見自己將不久即世，恐怕是感到身體狀況每況愈下，忽又看到一顆星星閃爍不定，便胡思亂想，而不幸言中了。這時仁宗的身體一定糟糕透了，只是他不肯與臣下說說罷了。

這裡花開兩朵，另表一枝，先說一位名醫。此人姓盛名寅，字啟東。前文講到，此人曾將朱棣的痿痺之症斷為風濕，大獲帝心，得以擢入太醫院，做了一名御醫。

仁宗在東宮時，太子妃張氏（即宣德、正統朝的張太后）有一次連著十個月不來月事，御醫會診，都說是喜脈。女人有沒有懷孕，當然自己最清楚，張妃不認為自己懷孕了，但腹脹如鼓，又十月不見紅，若說無孕，也難以啟齒。所以張妃耳聽眾醫稱賀，心中只是不悅，卻不便直言道破。

過一會兒，盛啟東來了，把脈一把，就說不是懷孕，並且準確說出張妃的病症，歷歷如指。張妃大喜道：「有這樣的好醫生，為何不早讓他來看我！」太子也很高興，就讓盛啟東開方。

這位盛御醫似乎是治「病脹」的國手。曾經有個宦官，得了脹病，被他治好了，就推薦他去治另一位正「苦脹」的太監。這位太監正脹得一塌糊塗，天天捧腹而不樂，要死而未死，盛啟東一劑藥投下去，立刻藥到病除，立馬跑去見皇上。朱棣見之大奇：「還以為你死了，你如何復活過來的？」太監便「一吐塊壘」，把救命恩人盛啟東神誇了一番，朱棣見有神醫如此，也請來給自己看病。這是盛啟東發跡之始。

如今太子妃也是肚兒脹得老高，不治便死，其情之急不下於那位太監。盛啟東卻不急不忙，開出一方破血之劑。看官，你可查《準繩．瘍醫》，所謂破血藥，主治「打撲墮馬，從高跌下，皮肉不破，此淤血停積內攻，不能言語，而或譫妄」。盛啟東開出破血的藥，乃是認為太子妃屬於跌傷淤血致病，需要化血以解。

然而皇太子卻是相信張妃有孕的，他對盛啟東的診斷半信半疑，只是將就著用盛啟東的藥。可是過了些天，張妃的病仍無好轉，只好再把盛啟東找來。

盛啟東又寫了個方子，太子接過來一看，還是前日那副破血的藥方。太子生氣，欲不用此方，但張妃堅持要用。太子沒法，就把盛啟東抓起來，威脅他：你的方子要是傷了胎兒，必拿你殉葬！

此後三天都沒有消息，這三天，盛氏合族驚懼，度日如年，都怨盛啟東不該冒死進方，太子妃一日不諱，「是殆磔死」——那可是凌遲之罪！

然而，滿門的惶怖，終於在一片喧鬧的鑼鼓中消解了。原來張妃堅持服藥，果然「血大下」，鼓脹的肚皮頓時癟了，病也好了。太子大喜，賜以重賞，還把東宮的儀仗隊派出去，敲鑼打鼓，熱熱鬧鬧，把盛啟東送回家。

但盛啟東始終為太子所惡。

太子厭惡盛啟東的原因不詳，但那怨懟一定極深，即便他治好了太子妃的怪病，怒氣猶然不解。盛啟東為此整天惶恐不安，生怕哪一天禍事降臨到自己頭上。恰好他的老鄉，相術界的名人袁忠徹，也是太子討厭的人，他偷偷對盛啟東說：「老兄，你不要過於憂慮，我觀太子之相，非永壽之人，即便登了寶位，也不能長久。」如此大逆不道的話，袁忠徹竟敢與盛啟東說，毫不忌諱，顯然這兩位在御前行走的神相與神醫，他們是利害與共的。

袁忠徹的話後來果然應驗，仁宗只做了一年天子就去世了。

以上記了兩件事，一個是仁宗自觀天象，謂己不久於世；一個是相士相面，知其壽不永。好像天上的星星與仁宗的臉皮合了謀似的，都來與仁宗過不去。

然而性命之夭，必有戕生之利斧，不能說星星如何，面相如何，其人便「死得其所」。老天爺不讓人活，至少也得放個炸雷，劈人一傢伙，總不會莫名其妙就讓人飛仙吧！

那麼，仁宗到底怎麼死的？看官你恐怕想不到，明仁宗朱高熾之死，竟是明朝十六帝死亡證明書中最大的疑案。

由於仁宗死亡太驟，對他的死因，在當時已不能無疑。

成化時人陸釴《病逸漫記》記：「仁宗皇帝駕崩甚速，疑為雷震，又疑宮人欲毒張後，誤中上。」指出當時社會上對仁宗之死，有二種猜測：被雷震死；被宮人誤殺（本來的目標是張皇后，即那位脹肚子的太子妃）。

明代中期以後流布較廣的《明記略》一書，則指出：仁宗或云死於雷，或云為宮人所毒，或云為內官擊殺。在前書的基礎上，又增一種：為宦官所弒。

儘管清人修《四庫全書》時，對這些記載大加刪減，稱之為「委巷之傳聞」，是「刪除猶有未盡」者讖言奇談，但這些傳聞見諸多種野史筆記，流傳極廣，信者極多。

仁宗是被雷劈死的嗎？民間說「天打五雷轟」，是壞人的專有下場，何以慈悲為懷的仁宗也落得這個下場？嘉靖時人張合揭密說，雷只是個幌子，仁宗其實是被宦官擊殺的。他在《宙載》中說：在一個陰雨天，仁宗上罷朝，退回後宮，突然就報「上崩」了——「或疑內侍（宦官）弒之，適有雷，故內侍云雷震」。

至於為什麼人們會猜疑仁宗是被宦官所弒，張合解釋道：「仁宗即位後，惡宦官，每欲誅戮」，結果被宦官先下手為強殺死了。他還繪聲繪色地說：仁宗入斂時，是沒有頭的，此「尤為可疑」！這令我想起清朝的血滴子傳聞，也說雍正皇帝失了腦殼，不禁笑了一下。

仁宗爺爺的首級還在不在，無法從文獻中考索，只好等獻陵發掘時再考證了。

仁宗已死於雷，死於弒，又說他死於下毒。

下毒者為不知名的宮人，或某位妃嬪，她投毒的目標本是張皇后，卻不料誤中了仁宗。假如此說成立，也是冤大頭似的枉死，比被雷震死好不了多少，對於仁宗名譽來講，總歸是大損。

仁宗到底是怎麼死的？陸釴曾好奇地向一位雷姓太監求證，這位太監彷彿一位考古學究，搖首道：「皆不然，蓋陰症也。」——這下好了，關於仁宗之死，就有毒殺、弒殺、雷殺、病殺四種死法了，不幸的仁宗，《1000種死法》（1000 Ways to Die，是部美國影劇的名稱）中，他一人竟占了四種！

陸先生與我同好，喜聞宮闈祕事，且頗多獨見，如景帝朱祁鈺被宦官蔣安勒死一說，就僅見於他著的《病逸漫記》一書。景帝之死的異說，不知是否也是他向那位雷公公求教來的？陰症是個什麼症？雷老公沒有詳說，或者他附耳對陸釴細細道過了，陸先生不願賜告。所謂陰症，或許是中醫裡常說的外邪入陰經，或者就是羞不得見人的代名詞。然則此病何以竟致人速死也？我不懂醫，不敢亂解，但我敢大膽揣測：此陰症之陰，應該靠陰事之陰多一些，大概也是不好見公婆的。

第五十五章　仁宗給景帝帶來一簾驚夢

仁宗生前最後一年，脾氣異常暴躁，很容易激怒，而一旦發作，幾乎難以遏制自己的行為。從這些表現來看，他很可能與其父親一樣，也是服用丹藥中毒的。

仁宗臨御之初，多次下詔，向群臣求言。可是臣子在朝堂上進言，說話稍直，他又不耐煩聽，或「厭其繁瑣」，或怪其不敬。比如大理寺少卿弋謙，響應皇上求言的號召，多次上疏言事，仁宗就嫌他「逾分」，「賣直沽名」，每當臨朝之際，對弋謙的反感「數形於詞氣」，話不好聽，臉不好看，大概事也難辦吧，搞得「朝臣皆悚仄，相與以言為戒」。

仁宗的性格很敏感，性情又易浮動，臣下說話稍不謹，就易激了聖怒。有一次，他差點將明初的名臣，任過國子監祭酒的李時勉當朝打死。

李時勉挨打這件事，據李氏行狀[1]記載，起因是李時勉因為父親得到朝廷的封贈，為報答皇恩，決定上書言事。

其實這位李先生本就是個好言敢諫之人，就是沒好事，他也喜歡說話，為此在永樂年

1　行狀是人死後請他人代寫的一生事蹟，用於供撰寫墓誌的參考。

間吃過不小的苦頭。到底江山易改本性難移，他又開口說話了，惹來大禍。時間是洪熙元年五月，也就是仁宗死亡的那個月。

李時勉為人耿直，說話不懂得委婉，仁宗見他所言峻直，大為震怒，又有不喜歡李時勉的宦官在旁挑撥，仁宗的暴怒便壓抑不住，在次早臨朝時，命侍衛用金瓜狠狠地打他（《明史》還有「仁宗怒甚，召至便殿，對不屈」的情節）。當時就打斷三根肋骨，差點斃命。

打了還不消氣，仁宗又降了他的官，讓他做交阯道御史，命他每天審一囚，言一事，實際上是借此磨他的傲骨。

不料李時勉性格竟如此亢傲，他三天內果然連上三章，提了更多的意見。仁宗勃然大怒，認為李時勉不服氣，故意向他挑釁，就將他拿下詔獄，施以嚴刑。虧得詔獄掌刑的錦衣衛千戶曾受過李時勉的恩，祕密請來醫生，給他療傷，才僥倖不死。

仁宗到「大漸」那一天，對此事猶有餘恨，切齒對夏原吉說：「李時勉當廷辱我！」一念此事，還是忍不住勃然暴怒。當晚，他就死了。

從實錄的記載來看，仁宗之死，確為暴亡，完全出乎他自己以及廷臣的意料（楊士奇的觀天象說，其實只是馬後炮似的聯想）。他死在洪熙元年的五月，就在上一個月的初五，他還下敕給南京守備太監王景弘，告訴他明年春天將還都南京，教他提督官匠人等，趕緊修理南京宮殿，以備還鑾；還派皇太子朱瞻基（宣宗）離京南下，到南京坐鎮居守。如果仁宗身有痼疾，有性命之憂，絕對不會在這個時候放皇位繼承人外行，還勞師動眾實施遷都的計畫。

進入五月，一切政事都很正常，仁宗還多次透過敕諭的形式向群臣發表講話，每天堅持上朝。為了翰林院侍讀李時勉、侍講羅汝敬在朝放言無忌，他還忍不住大發雷霆，狠狠揍了李時勉，將二人貶官。而當天夜裡，天象報告說：金星犯輿鬼。這是很不好的星象，預示著誅殺大臣，或者國內有「兵起」，善觀天象的仁宗，為此加劇了憂懼。

第二天仁宗就「不豫」了，這病來得急，勢如山倒，仁宗也清醒地認識到了，所以他立即命閣臣書敕，派太監海壽飛騎南下，召皇太子來京。次日，實錄中出現「上疾大漸」這個詞，這是帝王死亡的專用語。在仁宗去世的當天，即「遺詔天下」。

這份遺詔不是仁宗自己寫好藏起來的，而是由閣臣在皇帝靈前匆匆擬定，重臣集體會商討論，並經張皇后確認無異議後，再由禮部向天下發布。遺詔文字不長，才三百餘字，除了按慣例對「朕躬」（皇帝的自稱）一生事業做出簡單的總結（基調是謙遜，將一切成就推功於祖先的遺澤），還對大喪期間天下臣民應守的禮儀做出安排，關鍵是宣布由皇太子朱瞻基繼承大位。

由於太子未至，皇位空懸，內廷沒有為仁宗發喪，而「沐浴、襲奠、飯舍如禮，設幾筵宮中，朝夕哭，上食」。但是仁宗還沒法入斂，因為皇帝死得太突然，毫無準備，直到仁宗駕崩，司禮監才急忙慌地準備「作梓宮」（皇帝的棺槨）。可以想見，當時宮內全無措備，內內外外都是手忙腳亂。

仁宗很可能是服毒過量，驟然死亡的。

但他為毒所斃，並非如傳言所說，是妃子要毒害張皇后，結果毒酒誤中仁宗，仁宗所服之毒，是煉丹家煉出的金丹。

這從仁宗死亡的地點可以看出。仁宗並沒有死在「天子正寢」乾清宮，而是死在位於紫禁城中軸線北端的欽安殿。這座宮殿至今還保留了部分明代的建築型材與風格，它始建於永樂年間，供奉的是永樂皇帝的保護神真武大帝，該殿是宮中進行道教活動的重要場所。雖然沒有任何史料記述仁宗晚年每天在欽安殿裡幹些什麼，但顯然和尚廟裡不會住著道姑，仁宗在這裡除了燒符煉丹，也別無好事可做。可能因為他身子弱，燒煉時操之過切，內火旺盛，經常嘴裡冒火，脾氣十分暴躁，但沒有引起足夠的重視，結果鑄成大錯，竟然中毒而亡。

仁宗生活的不幸——對皇位二十多年惟謹惟危、險象環生的等待，他威嚴苛刻的父親、強勢的妻子、不友的弟弟、爭寵的妃嬪，和他本人軟弱的性格——驅使他去毒品中尋找片刻的安寧。

對於臣民，仁宗是被包裹在「聖君」的金紙之下，一個沒有內心世界的偶像，但宮廷卻對一位作為「人」的祖先，抱有更多的同情和懷念。

景泰三年（一四五二年）十一月的一天，景泰帝清晨起床後，急令御用太監尚義到內庫領袞服一襲，速去仁宗獻陵祭告焚化。原來景帝昨夜夢到皇祖仁宗皇帝了。天可憐見！開創「仁宣盛世」的仁宗昭皇帝，死後竟沒有一件像樣的衣服，在冷颼颼的陵寢裡熬不住了，只好跑來跟孫兒乞討。

景帝怎麼知道他夢到的就是皇祖仁宗呢？仁宗死時，景帝還未出生，他在逝世二十七年之後，怎會無端地漂移入孫兒的夢中？有意思的是，景帝夢到的仁宗皇帝，沒有升仙成佛，金光閃閃，卻是那樣一副慘兮兮的潦倒模樣！

我想，與民間一樣，可能內廷也流傳著一些關於仁宗的故事，但多數是不光彩的，與他在國朝正史中的仁德聖明的形象大為不同，仁宗在宮廷遺存的記憶中，是可憐不幸的，故而他出現在景帝的潛意識時，竟是一夜驚夢。

第五十六章　紫禁城：吸毒大院兒

依《明史》的書法，忠讜直言的李時勉竟成了仁宗促壽之毒藥。

宣宗即位後，有人拿這件事在御前挑撥，撩撥得宣宗也震怒起來，命人去捆李時勉，要親手殺了他，以報父仇。

這個挑唆者是誰？明人許浩《復齋日記》直指太后張氏，他說：仁宗之死，張太后認定是李時勉激怒所致，必欲殺之，為夫報仇。她公子宣宗自然奉太后懿旨唯謹，馬上命人把李時勉從獄裡直接逮進宮來，要親自審問他。

幸虧李時勉命大，太后老娘娘要他的命，他還是死不了。

據《復齋日記》講：李時勉此時正擱牢裡坐著，宣宗先命人去捆，要親自鞫問他，但隨即變了主意，令王指揮去傳旨，將李時勉就西門外斬訖算逑，不必來見。可是當王指揮從端門（中國北京故宮裡天安門與午門間的那座門）西旁門出去時，正巧李時勉被捆綁著從端門東門進來了，兩下恰巧錯過。李時勉這才有機會見到宣宗，當面辯白，否則他已經是死人了。

李時勉是如何辯白的，諸家記載稍異，大致謂他奏事懇切，感動聖衷，宣宗遂憐而宥之，因與本書主題無關，就不備述了。

我私意以為，李時勉之所以落在宣宗爪中而不死，主要因為那是宣德初年，倘若再遲數年，宣宗也得了個狂躁之症，時常乘怒殺人，那時他縱然有十個腦殼，恐怕也難保了。

宣宗與他父親一樣，也是「驟崩」的。他從宣德九年（一四三四年）十二月底發病，到次年正月駕崩，時間非常的短，且歿時年僅三十八歲，正當壯年。據太監阮安留目擊，宣宗死時，「肌膚燥裂猶燔魚」，身上的皮膚就像燒烤架上的烤魚一般，一片片的翻裂開來，這是一幕非常可怕的場景。阮太監說，出現這種情況，是「以烈劑故」。宣宗所服的烈藥肯定是道家丹藥，只是不知道，它是用來壯陽的，還是修煉長生不死之術的。考慮到宣宗還年輕，可能壯陽的需求要更大一些。

宣宗好色，是有名的。在這方面，他與其祖父永樂皇帝同調。

朱棣曾多次派太監到朝鮮去索取「處女」，宣宗徒見美色，未得其滋味，很是念想。他即位後，父皇仁宗三年的喪期還沒出，已亟不可待地派人去朝鮮徵求美女了。朝鮮國王大為詫異：「（仁宗）初喪，（宣宗）使人求處女，意實急急。」笑宣宗色心太急，你等脫了孝服這點時間都等不及嗎？而在服喪期間選美，顯然是與傳統的道德相違戾的。

宣宗是個面子要光的人，不願臣民抓他不孝的把柄。朝鮮那邊奉詔把處女選好了，他等了一年多，看看差不多要「終制」（守喪期結束）了，才派太監去取，順便再多要幾個會做茶飯、唱曲歌舞的女子，只要臉蛋漂亮，也不管茶飯做得香不香、音律跑不跑調，照單全收。所以說，才子皇帝宣宗得了一個要命的色急之症。

宣宗是文藝青年，屬於文化人，他的性生活比一般皇帝更具想像力，更享樂趣。據說他在禁中建了一間鏡室，上下四方鋪以青銅鏡料，刻上歡喜佛（藏傳佛教密宗的偶像，其造型多為裸身交媾），又畫上春宮圖，「每在此御妃嬪，美豔者以形影照映，為人間極樂」。宣宗一邊雲雨，一邊自拍三級片助興，你說他能不樂嗎？但宮中美豔者多，他底下那條毛茸茸的小蟲又是沒骨的，操練稍久，就要喊累，鬧罷工，爭取八小時工作的權利。而好色宣淫者，卻像萬惡的資本家，偏要壓榨勞動者，見「小兄弟」實在不賣力，便借藥來催。

據天順中閣臣李賢提供的可信資料，宣宗是很喜歡修煉這一套把戲的。宣德時有個吏部郎中叫常中孚，出身低微，只做了一個巡檢的小官，但此人身懷奇術。怎個奇法？原來他能「煮白金」（煮非煮酒之煮，乃指煮煉，是一種化學工藝，煮白金就是燒煉白銀的意思），誰家寶玉之器損壞了，他能修補如舊。

宣宗聽說他的大名，把他找來，要試他的本事。不知常中孚搞什麼鬼，居然瞞過皇帝，宣宗一高興，便授他吏部郎中之職（正五品）。以後更經常召他進宮，行其密術，還為他在宮內專門打造了一處場所，甚是神祕，就是宣宗非常親信的太監也不得一窺。常中孚得到的賞賚也非常多。

我實在不明白，富有四海的宣宗，為何要請一個江湖流棍來燒煉銀兩？他就那麼缺錢？如果常中孚真有那點石成金的本事，他家趁一口聚寶盆，何不去做神仙，跑來服侍皇帝幹嘛？

幸好那些好財而愚蠢的皇帝不是當代君主，否則他不用燒煉，只須開動印鈔機，足夠他用也哉！——只是老百姓就慘了，手中的鈔票，一天不如一天值錢。

恐怕宣宗不止要錢，還要壯陽。中國土產的道家，最能滿足帝王的種種私慾。而皇帝握有無邊的權勢，他們的慾望也是無止境的。這方面世宗嘉靖皇帝最為典型。嘉靖是明代最有名的道教皇帝，他中年以後，幾乎不再上朝，整日泡在西苑裡，與一班道士煉丹作法，他是既要縱慾，又要延壽，所以想出各種法子來折騰，害人害己，好比他採少女經血製作藥丸服食的惡跡，幾乎無人不曉。

吸毒者有一些共同的特徵，首先就是短命。嘉靖大概是法術高，他活得最久，居然活到六十歲，勉強達標；往上直追成祖朱棣（六十五歲），從成祖往下排：仁宗，四十八歲；宣宗，三十八歲；英宗，幹了兩屆，用了正統與天順兩個年號，一共二十二年，也才三十八歲；憲宗，四十一歲；孝宗，三十六歲；武宗，三十一歲。我想，除了「吸毒界」，還有哪裡一個人四十多歲就是高壽呢？

這些皇帝是否都有服食丹藥的習慣？如果是，服食量有多大？由於宮廷史料的限制，已經很難搞清楚。以下我們略舉一些證據，表明除了仁宗、宣宗、世宗三位，至少英宗、憲宗和孝宗，可能也有吸毒史。

先說英宗，據李賢在《天順日錄》所記，他曾問英宗：「臣聞陛下夏不揮扇，冬不近爐，果然否？」英宗表示肯定，並說了些自己身體的狀況：「暑天雖極熱，亦不揮扇，在宮內亦不令左右揮扇。冬雖極冷，亦不近火，亦不戴暖耳。稍用之，雙目即熱。」英宗冷熱不懼，簡直就像明代版的超級英雄，李賢對此的解釋是：「陛下聖質所稟，堅厚如此」，說是因為英宗「受氣厚」，天生身體素質好。

而我這個懷疑論者，一聽到「內熱」二字，不免神經過敏，揣測英宗可能也是一位「化學愛好者」，經常在後宮煉丹吃。

再說憲宗。與一般的印象恰恰相反，憲宗其實是一個「性情趣」很高的皇帝。早年他寵著萬貴妃，被萬氏「專枕席」，一對一，能力足夠用了。但憲宗並非不想偷吃，只是被萬貴妃管得嚴，偷腥的機會不多。但他仍避開鬼子的哨卡，成功地偷吃過，還生下他第一個長大的孩子——也就是後來的孝宗，此事廣為人知。這孩子像野種一樣，在六歲之前，一直不為人知，就是怕遭了萬貴妃的毒手。可見貴妃在後宮之跋扈專寵，而憲宗的性格，又是一團和氣，他無力與鐵娘子抗衡——鬧不起嘛！

但憲宗私生兒子的事，終於曝光，萬貴妃氣得要死要活，也無可奈何，畢竟她自己不能生養，內心有愧。自從孝宗的身分公開，萬貴妃只好認命了，再者她也老了，沒氣力再和老公爭閒氣了，遂放鬆了對憲宗的監控。而當這塊石頭掀開，憲宗便一發而不可收，一連生了十一個兒子（憲宗共十四子）、五位公主，生產效能僅次於太祖朱元璋。

從子女的數量來看，憲宗是賣力耕耘的。但床榻間的這塊田地，耕作需要很大的精力，為此他不得不一邊學技術，一邊拼命吃藥。

憲宗也是崇信道教的，大概是曾經送藥給成祖朱棣吃的金闕、玉闕二徐真君，也給他送過藥，得了神靈的好處，憲宗也捨得給他們加官，封他兩位為「上帝」；憲宗所寵幸的佞幸李孜省、鄧常恩等人，都是長於方術之人，經常陪皇帝在宮內禱祀、齋醮和煉丹。

憲宗好色，外朝臣子盡知，但還沒人敢於像內閣首輔萬安一樣，偷偷地給皇帝傳受房中祕笈。這些事在憲宗時也沒人知道，直到孝宗即位，在宮裡檢點內藏，得到一隻小盒子，發現裡面裝的都是講房中術的書籍，書末都署著三個字：「臣（萬）安進。」孝宗非常生氣，命司禮太監懷恩拿著這幾本書，到內閣去找萬安，責問他：「這是大臣所為嗎？」萬安慚愧得流汗，伏地無聲，不久被迫乞休而去。

再說孝宗。

據說，孝宗賓天之日，大風折木，黃沙四塞，有人看見黃袍之人乘龍而上焉。一般說帝王之異，都在他初生時，很少有駕崩後還顯靈異的。那位自稱瞧見黃袍人乘龍上天的目擊證人，可能純屬眼花，但這一種傳聞得以產生並流傳，說明當時的人對孝宗之死懷有極大的遺憾，死固不能復生，輒希望他能夠乘龍上天——用今天的話講，就是希望好人能升天堂。

孝宗在明代帝王中，名譽甚好，他在位期間，有「弘治致治」的美名。孝宗十八歲登基，在寶座上坐了十八年，死時年僅三十六歲。從官史的記載來看，他並非長期患病，死亡非常突然。這是服食符水丹藥者死亡的共同特點，當然另一個特點就是他們死時都很年輕。

孝宗在弘治十八年（一五〇五年）四月的最後一天，忽覺不豫，命暫免朝參（官史說是因「禱雨偶感風寒」）。以後再也沒有上朝，直到五月初七駕崩，前後也就一週的時間。這期間，孝宗雖然掛牌免朝，沒有出來接見廷臣，卻並未荒廢政事，所有要緊的奏章均得到及時的批答。

但端午節（五月初五）第二天的凌晨，孝宗突然「大漸」，急忙派司禮監太監戴義到內閣召大學士劉健、李東陽、謝遷入宮見駕。三人因為皇上病得很重，一直在內閣坐班，不敢離去，忽見戴太監披月來召，便知大事不妙，一定是皇帝要辭訣托孤了。

李東陽記錄了當時的情形：三位閣臣來到乾清宮東暖閣，只見孝宗身著平常穿的便服，坐在龍床御榻上。三人進至床前叩頭問安，孝宗連連道：「太熱了，受不了。」命左右取水，拿布潤濕了，反覆擦拭舌頭，然後嘆息說道：「我嗣祖宗大統，一十八年，今年三十六歲，乃得此疾，殆不能起。」劉健等寬慰道：「皇上偶爾違和，何以遽言及此？臣等仰觀聖體，神氣充溢，萬壽無疆，幸寬心調理。」

孝宗稍微安神，然後發表長篇談話，從他即位講起，講了許久。他見左右只是聽，便示意記錄下來。在場的除了內閣三臣，還有司禮監太監六人，其中扶安、李璋捧紙、硯，戴義執朱筆，跪在榻前筆錄，太監陳寬、蕭敬、李榮等也都環跪在床下。眾人知道，皇上是要口述遺言了。

孝宗主要擔心皇太子朱厚照，怕他年少，且未成婚，性情未定，做皇帝會失職，因此說：「主器婚配，不可久虛，禮宜擇配，可於今年舉行。」要求在年內為皇太子選妃並盡快舉行大婚。

言畢，孝宗握著老臣劉健的手，叮囑閣臣一定要盡心輔導，說「東宮聰明，但年尚幼，先生輩可常常請他出來讀書，輔導他做個好人」。孝宗此時還能做長篇講話，且「語久，玉音漸清，反覆告諭，若不忍釋，前後數百言」。次日，又召皇太子入宮，囑咐他將來好好做皇帝。當天午刻，忽然「旋風大起，塵埃四塞，雲籠三殿，空中雲端若有人騎龍上升者，人多見之。已而上崩」。

孝宗臨終前的主要症狀是「病熱」，中醫講就是內火旺盛。這樣的症狀，令人聯想起宣宗死前的情景。孝宗是否煉丹服食，史籍疏乏載記，但我們知道，在弘治中年，有一個很受寵信的大太監，名叫李廣，此人邀上寵的主要手段就是「左道」。

太監李廣，《明史》有傳，說他「以符籙禱祀蠱帝」。孝宗對李廣信任到什麼程度，從李廣在弘治中的跋扈可見一斑，《明史》說他因帝寵而為奸弊，矯旨授傳奉官（即不透過吏部，徑直傳旨授官，這是違法制度的行為），四方爭納賄賂；他擅奪畿內民田，專鹽利巨萬，在京中起大第，引玉泉山水，前後繞之。言路交章論劾，孝宗皆不問。

弘治十一年（一四九八年），李廣勸孝宗在萬歲山上建毓秀亭（建亭作何用，史書未詳，然為建一亭而請示皇帝，大概是給皇帝做某項專門的用途吧）。可不想亭子剛剛建成，幼公主就夭折了，不久太后所居清寧宮也遭了災。有嫉妒李廣的術士趁機說，這是李廣建亭犯了歲忌。太皇太后周氏（英宗的貴妃，憲宗生母）生氣地說：「今日李廣，明日李廣，果然禍及矣。」李廣聽到後，非常害怕，就自殺了。

李廣死了，孝宗懷疑他家中藏有異書，派人到他家裡去搜查，意外地得到一本李廣納賄的冊子，上面開寫的都是文武大臣的名字，各注明饋黃、白米各千百石。孝宗奇怪地問：「李廣能吃幾碗飯，乃受米如許？」左右道：「這是隱語，黃者金，白者銀也。」原來黃米就是黃金，白米就是白銀，孝宗才恍然大悟，知道李廣竟是如此恣肆行私。

但李廣充當孝宗的「神壇護法童子」這麼些年，沒有功勞也有苦勞，孝宗對李廣的死，十分惋惜。有宦官看出苗頭，就為李廣請祠額、葬祭（這是最高規格的葬禮，即由皇帝欽賜祠堂之名，並由官方為之辦理葬禮），雖然因為大學士劉健出面諫阻，沒有同意，但孝宗還是差官到李廣墳頭祭了一祭。

由於孝宗名聲非常的好，他的一些不太光彩的行為，都被有意掩蓋了。但我們從李廣「以符籙禱祀蠱帝」，孝宗求「異書」等碎片記載來看，孝宗一定是愛好禱祀齋醮那一套的，而燒煉服食丹藥，是這一派打鬼之術的必有之義。

在臨終召見閣臣的對話中，有一個細節值得注意：因為口乾舌燥，孝宗經常需要拿濕毛巾擦舌，甚至說不出話來。旁邊一個宦官端過一個盤，說道：「萬歲爺，您嚐嚐今年的新瓜吧！」孝宗略略吃了一片，馬上能出聲說話了。顯然，瓜性涼，而他的本症屬熱，吃瓜對抗燥的身體能發揮降溫的作用，故此病體立刻有所緩解。可以說，孝宗的病是熱症，當施以溫涼之藥。可是他的主治醫師太醫院院判劉文泰不知何故，竟然開出熱劑，以熱攻熱，孝宗的身子本就虛弱，哪受得了這一攻，生命的堤防登時被沖垮了。修於嘉靖初年的《明武宗實錄》，說掌御藥局太監張瑜與劉文泰等數人「進藥皆與症乖，先帝遂彌留弗興」，認為孝宗是因誤診而死的。

給皇帝開錯方子，害死了萬歲爺，那可不是好玩的！張瑜、劉文泰等人均被逮繫下獄，廷臣痛恨他們，認為刑律中的「庸醫過失致死律」，只是為一般人所設，若是庸醫亂開藥方，「上誤人主，失宗廟生靈之望，是為天下大害，罪在不赦」，建議以「合和御藥誤不依本方大不敬」條加以顯戮，即以「大不敬」之罪將張、劉等人處死。他們使了許多錢，才保住一條命。

難道喜好醫術的孝宗，他的太醫院裡養的全是庸醫嗎？非也。我懷疑太醫院的國醫聖手們壓根沒機會為孝宗療治。

司設監太監張瑜，此人掌著御藥房，孝宗常年服食丹藥，身體被火煉得只剩一副骨架，他不可能不知孝宗身體的狀況。然則，他可能也是孝宗燒煉的主要助手，當孝宗突然病重後，他不是虛心地請來太醫院的御醫會診，平心對症開藥，而是顢頇地自作主張，再施以猛藥，這就好比越是陽痿者越是拼命要服壯陽之藥，勢必造成不可逆轉的結局。實錄說張瑜與太醫院議方，「不請診視輒用藥」，張瑜是駕前的紅人，太醫院與御藥房又是內外衙門，御醫們全指著張太監混飯吃，他的話，豈敢不聽？

實錄記載，孝宗好醫藥，經常在南城親自「修合諸丸劑」，並「親御宸翰」，書寫藥方，賜給身邊的臣子。孝宗做實習醫生的興致非常高，弘治十六年（一五〇三年）八月，他還在南城開局，命翰林院遣官，會同太醫院，重新纂輯《本草》——這是弘治朝的文化事業，不過供好醫術的孝宗好玩罷了。而「主其事者」，正是太監張瑜。劉文泰本是不學無術，因為和張瑜交好，得以引見，在御前行走供職，而「以此被寵，賞賜無算」。

有醫生說，最怕病人自己懂一些醫術，談起病症來頭頭是道，就是不信醫生。孝宗本人熟讀《本草》，又有著燒藥煉丹的豐富經驗，他更願意相信張瑜開出的方子，並執迷不悟，結果把自己誤了，年紀輕輕就枉丟了性命。

第八卷

明宮鬧鬼

第五十七章　洪武宮裡，巫蠱案疑雲

只要深些的古宅大院，總有陰森逼人的氣息，枯壁破窗間，常有狐魅鬼影倏忽掠過，留下驚魂一詫。然若論牆垣之高、院庭之深、氣氛之幽寞，哪一家宅院又比得過皇朝大院紫禁城？——皇宮便不免鬧鬼！

金庸小說《鹿鼎記》裡，有一幕摹寫薩滿太太在後宮祈禳作法，眾人正祭著「死小寶」，兀地只見韋小寶的真身一步搶進來，差點被這活人驚散七魂八魄。眾人還當成是薩滿太太招回的魂呢！

驅鬼與招魂兒，本是薩滿法師左右開弓的絕技，他們時而紅臉，時而白臉，周旋於人鬼二界，應付裕如也。其實，鬼和捉鬼人的相生關係，遠較先有雞還是先有蛋為清楚：有鬼才有抓鬼人的事業，一旦驅而盡之，天下清明，朗朗乾坤，吃鬼飯者才真要頹然餓斃，做一死鬼咧！所以鬼故事永遠沒有完結篇，諺云「又做師娘又做鬼」，便是由精靈古怪衍出的辯證法。

今天的北京故宮，是清人的舊宮；清宮那麼大，千門萬棟，居人又多屬陰（婦女及閹宦），所容之鬼亦必甚夥。假若人死而靈魂不滅，那麼清宮裡的遊魂，多半都是前朝大明舊宮的老客。這一點是否正確，待筆者哪日有幸做了故宮的更夫，在月洗古磚的靜夜，才好去求證。值此，只好先向故紙堆裡尋索——且說明宮的鬧鬼故事。

俗話說，心疑生暗鬼；嗜血者四顧，幢幢皆是鬼影。恰恰明朝開基的兩位皇帝，竟然都是第六天魔王父子投胎轉世，在人間大開殺戒，造出無數的冤業和怨鬼。

朱元璋還未做天子的前二年（一三六六年），把他親侄兒朱文正貶為庶人，安置到安徽六合縣。朱文正不服氣，密令道士用紅筆書寫叔叔的生辰八字，「釘地壓之」。這就是傳說中的詛咒魘壓之法，又稱巫蠱，其法非常陰毒（其「毒」指施行者的用心，其真實效力自然是烏有的）。朱文正是被監視居住之人，他的悖逆行為豈能逃過叔叔的眼線，很快被人舉報，遭到殺身之禍。

這是有史可考的以朱元璋為目標的第一次暗殺事件（用「妖術」），時人俞本將它記在私撰的野史《皇明紀事錄》（又名《明興野記》）裡。

朱文正用的是魘鎮之術，極為狠毒，非深仇大恨不行。漢武帝晚年此風盛行，宮禁不肅，為此大興「巫蠱之獄」，最後逼死了自己的太子。洪武皇帝自然不讓古人，很快就把借鬼畫符的倒楣侄兒杖斃了。

朱元璋在位三十一年，屠滅功臣元勳，下及大小臣工。據俞本講，朱元璋屠刀初開，以洪武四年（一三七一年）為起點，究其緣由，竟然是「感天師言」。不知哪位倒楣的王八天師，不知給皇帝灌了什麼迷藥，觸動他的心事，致「天下府州縣官吏多被誅戮」。

俞本的《紀事錄》沒有揭露是哪個「天師」造的孽，反正不是捉鬼人鍾馗，亦不定就可指實為龍虎山的張天師，因為在民間，也有將普通道士稱為天師的習慣。但不管怎樣，天師都是捉鬼的聖手，現在倒好，他們替陽間的「人王」作起法來，將朝廷百官都做成鬼，給一鍋端！

在清宮作法的是薩滿太太，而在明朝宮殿裡壟斷法事生意的是黃冠道流。

朱元璋主張三教合一，他對道教頗有雅好，曾親自為「羽流」做過傳記，如《鐵冠道人傳》、《周顛仙人傳》，他還多次派人尋訪活神仙張邋遢（張三豐）。

然而，朱元璋「追仙」，何亟亟也？原來，在他新建的輝煌殿宇裡，已是鬼哭狼嚎，危機四伏，不得不求道法高明的真人施援手相助！

洪武八年（一三七五年），明宮接連發生兩起巫蠱大案。

這一年年初，朱元璋巡幸中都鳳陽，在此舉行了祭告天地大典，祭文說：

「群臣集議，都說在濠州建都，正合古今之宜。為此我改濠州為鳳陽，於此建立都城。然大興土木，實勞民力，今功將告成，惟上帝后土是鑒。」

朱元璋將他的「龍興之地」濠州升格為鳳陽府，定為中都，並勞民傷財，進行了大規模的城市建設。元璋兄，你勞的是民，為何不向百姓道歉，卻和皇天后土說什麼「鑒諒」的話，真是矯情！

奇怪的是，在中都城池及皇城、宮殿、衙署即將告成之際，朱元璋此行本為巡閱新都，又是衣錦還鄉，本該大大得意，多多盤桓。但他只稍作停留，即匆匆離去。據《明史・太祖本紀》的記載，朱元璋本年四月辛卯，幸中都。到丁巳日，已回到南京。查洪武八年四月以庚寅為朔（初一日），辛卯、丁巳分別為初二和廿八日，刨去來往路途所需時日，朱元璋在中都駐蹕時間頂多不過半月。是什麼原因使他倉促回鑾，並從此永遠放棄中都營建計畫？

我們從工部尚書薛祥的傳記裡，能捕捉到一些資訊：「其時正造鳳陽宮殿，太祖坐在殿中，忽聽殿脊上若有人拿著兵器打鬥的聲音。甚是怪異！太師李善長奏稱，這是工匠們在施工時使用了厭鎮之法。太祖大怒，下令將工匠全部處死。薛祥勸諫說，宮殿蓋頂時，鐵匠與石匠都未參與，其他木匠、泥瓦匠也應該分在工不在工，不可一概濫殺。他這一諫，使上千人得了活命！」

原來朱老兄剛在新殿上坐定，哈哈一聲還未笑出來，殿脊上就響起兵戈之聲，如此鬧鬼！兵者，兇器也，這是很不好的徵兆。太師、韓國公李善長是個大妄人，他認為新殿鬧鬼是因為工匠們在宮殿的樑架間藏了什麼貓膩或不乾淨的東西，乃以「厭鎮法」妄奏，欲盡殺工匠！幸虧薛祥從眾多的工匠中，區別開沒有上工的以及鐵匠、石匠等上千人，饒了他們的性命，否則鳳陽城裡流的血，恐怕將上升不止呢！

未來的新都充滿戾氣，這可能是朱元璋倉促離去的一個主要原因。

衣錦還鄉的朱元璋，在故鄉的新房子裡碰了一頭的髒東西，灰頭灰腦地回到南京。五月裡，夏雨淋漓，因為前朝主殿奉天殿漏水，決定毀棄新造，結果又在殿中發現「魘物」。

難道僅僅因為漏水，就要把整座宮殿拆了重建？我很懷疑朱元璋先有了鳳陽之事，疑心病轉重，總覺得在大殿裡坐不安生，一定要把常坐的大殿拆個四零八碎查驗一番，居然又讓他找到「髒東西」。不知是哪個瓦匠或木匠，對皇上深懷怨毒，乃效仿朱文正的故伎，在大殿裡藏下魘鎮之物（這些對主人不利的東西其實很簡單，可以是一張符，也可以是一個玩偶，或其他汙穢的東西，在建房子時隨便往哪個角落裡一藏即可），給偉大的洪武皇帝施了魔咒！

奉天殿是朝廷舉行大典禮的所在，天子威嚴肅穆，卻不料天天頂著一個大「降頭」。是可忍孰不可忍，朱元璋這回一個不饒，將所有工匠「悉收戮之」，株連者不知其數。此事正史失載，亦見《紀事錄》。

朱元璋盤踞在他的宮廷裡，可謂步步驚心。

他在位的最後一年，某日在後殿燕居，忽見一條黑龍從井中躍起，他急忙引弓追射之。事亦見俞本《紀事錄》。

按理說，朱元璋對內廷兵仗管理極嚴，對擅用之人，處斷更有明條，如《大明會典》卷一六六、《刑部八・宮衛》下有「向宮殿射箭」一款：「在宮殿射箭、放彈、投磚石者，絞」！俞本的記載便令人生疑：後宮燕閒之所，怎會備有軍器？又何必備此凶物？——足證朱元璋一生害命無數，生怕有鬼來纏他索命，他防忌惶恐之心，是無時稍歇的。

然而朱元璋這一箭失了準頭，黑龍飛去，後數日又有一黃龍，亦自井中躍出升天。這回老邁的朱元璋射沒射，俞本沒講，但他說：黃龍升天，「或謂成祖之兆」，說這是未來成祖朱棣興起的佳兆。

第五十八章　鬧鬼不休的大明朝

成祖，就是朱元璋的四公子、以叔篡侄的永樂皇帝朱棣。說到以叔篡侄，倒有朱元璋以叔滅侄的先例在，莫非報應不爽？

朱棣奪取帝位後，用詔書的形式公開指責侄子建文帝允炆的過失，主要說他不孝：你爺爺太祖皇帝才死一天即入斂，到第七天就下葬了，民間還講究個「出七」，你就那麼等不及嗎？

朱棣還像描繪一個胡鬧的孩童，說太祖皇帝嚥氣不久，朱允炆就將鬼見愁、硫磺、雄黃等物調水，在滿殿裡灑，甚至潑灑到朱元璋的棺材上，穢氣觸忤了梓宮（即皇帝的棺槨）；及至發引時，允炆仗劍在後，對人曰：「我仗此劍，不畏強鬼。」可笑朱元璋一世英豪，死後卻被自己的孫兒當強鬼來整治。

受朱棣指使編寫的《奉天靖難記》一書，說建文帝矯遺詔嗣位，一登帝位，即忘哀作樂，讓巫覡仗著桃劍在宮禁裡揮舞，用硫磺水遍灑宮廷各個角落，還燒穢物以辟鬼神。梓宮發引時，他與弟弟允熥二人，各仗一劍，立於宮門，指斥梓宮，罵老頭子說：「你今天還能說話否？你還能督責我否？」言訖皆笑。

以上皆見於永樂時的官書。只是，朱棣造假太多，信用已經破產。好比他誣衊建文帝的作為，說他遣宦者四出，選擇女子，充滿後宮，通夕飲食歌舞，又作奇技淫巧以媚悅婦人，各王府宮人有色者，則選留與之通姦，常服淫藥，藥燥性發，血氣狂亂，連御數老婦，猶覺不足，更縛母羊、母豬與之交媾——這就不止荒唐，簡直是令人作嘔，毀人三觀。

這些文字，只可能出自朱棣本人的指授，再無聊的文人也不敢如此胡亂編造，此足以暴露朱棣的內心世界有多麼齷齪，侮人沒有底線，節操碎了一地。後來，在纂修《明太宗實錄》時，將這些實在腌臢的「罪證」都刪除掉了。

朱四公子的殺人手段，不消說，是直追其父的，朱元璋生前不是說過「第四子最類朕」嘛？

朱棣血淋漓的發跡史，簡直就是一部鬧鬼史。

他初起靖難之兵時，即設計誘殺了北平布政使張昺，後來登極，猶不忘仇，又命族滅其家。但自此之後，他就頻頻夢見張昺「被發為厲」，跑到他夢裡來糾纏，令他寤寐難安。但朱棣也是個惡人，死人來磨他，他不怕，反以暴制暴，命人將張昺的屍身挖出來，焚灰棄之。

其實，從朱棣進城那一刻，他就連續碰上鬧鬼之事。

當谷王、李景隆獻出金川門後，朱棣騎著高頭大馬，趾高氣揚地整隊進城。忽見一個文官，自報名是「御史連楹」，急欲到燕王駕前叩拜。當時朝廷大勢已去，這等趨附之人真是如蠅逐臭而來，好比後來做到閣老，有「三楊」之一稱譽的楊榮，便是其一。朱棣也沒太在意，准其近前說話，還準備勉慰他幾句。不料連楹突然躍起，抓住馬轡，手中早亮出一柄利刃，向他當胸刺來。兩旁衛士急忙救駕，將其亂刀砍來。但奇怪的是，連楹死了，卻滿身血汙地挺立當地，推之不倒（「屍植立不仆」）。

朱棣心神為之所觸，遂惡念陡生，進城之後祭開屠刀，大施濫殺，許多忠於建文帝的官員被殺，這些受難者並非都是小官，其中有一位姓景名清的，已做到御史大夫的高位。

說起來，景清與朱棣並非素昧平生。建文之初，景清從金華知府升任北平布政司參議，即與朱棣有過交集。景清是洪武朝的進士，洪武三十年已做到僉都御史的高官。因為一點小的過失，才被外放做了知府。這回升做北平參議，也只是過渡一下，朝廷馬上給予重任，升為御史大夫（御史大夫是建文改制中由原都御史改設）。就在景清在北平為官的很短時間裡，他與朱棣見過幾次面，交談之下，朱棣對其「言論明晰」，大為稱賞，留下了很好的印象。據說著名相士袁忠徹還給他相過面，稱其「身短而聲雄」，但預測其結局會很不好，也是「於法皆當刑死」者中的一個。

景清是位正人，傳說他年少時，一次趕考，寄宿在一戶人家。這家主人的女兒，就像高老莊莊主的女兒，夜夜被一個妖怪來欺負（不知是不是豬八戒），一家上下不得安寧。巧的是，景清借宿的這晚，妖怪竟然沒來，但景清一走，妖怪又來了。女孩詰問妖怪，這是為何？那怪倒說實話，稱是「避景秀才耳」。

女孩將此話記在心裡，第二天告訴父親。父親大喜，原來救星過門而不知！趕緊去追景清，將原委告訴他，請他回去幫忙伏妖。但趕考事大，景秀才沒法坐鎮這戶人家給女孩當護法，卻又不能不管。他著實為難，突然靈機一動，寫了「景清在此」四個大字，交給女孩的父親，讓他貼在家門口，試試法力。

女孩父親回去把字條黏在門戶上，那妖怪果然畏懼，從此再不敢來騷擾了。

看官！景清的本領，由此看來比孫悟空還牛，那猴兒在高老莊降服豬八戒，不僅變了形，還出了棍，但景秀才人不到場，耍耍筆桿子——得，齊活！

景清還是書生時，正氣便足以禦鬼，死後竟化厲逼帝。

朱棣率「靖難軍」打進南京，方孝孺、練子寧等大臣皆不屈而死，可是素來「倜儻尚大節」的景清卻頓改大節，「委蛇侍朝」，做了一個可恥的叛徒。人們對此有所懷疑，也有人譏諷他言不顧行，貪生怕死。朱棣也是將信將疑，但對他能投降還是表示欣賞，讓他仍然擔任原職。

一日，占星者奏，說有一顆紅色的異星直犯帝座甚急，不可不防，請皇上有所預備。

朱棣忐忑不安，勉強打起精神上朝，只見朝班之中唯有景清一人身著緋衣，便懷疑赤色異星所指便是他，當即下令搜身，果然從他懷裡搜出私藏的短劍。詰問所為何用？景清奮起答道：「欲為故主報仇耳！」原來景清投降是假，實為委曲以求大義，他身懷利刃，伺機刺殺篡逆者——真乃一漢子也！然暴君一怒，把他殺害了。

王鏊《王文恪公筆記》所記更為戲劇化，他說當燕軍入京時，百官皆出迎拜，唯獨景清「袒立罵不已」。他似乎學的是「禰正平裸衣罵賊」（禰衡擊鼓罵曹）的故事，借誇張的形式，大抒痛快之氣。朱棣又羞又怒，命「抉其齒」，拔光他滿口的牙，他仍是罵，還把一口汙血噴在竊國者剛換的龍袍上！

景清死況甚慘，朱棣見他「詰責不屈」，遂將其處以磔刑，剝其皮，實以草，掛在長安門上（王鏊說是施以醢刑，即將他殺死，然後剁成肉醬）。但是，就在當晚，宮裡就鬧鬼了：

「是夕精爽疊見，上夢（景）清仗劍逼」。

好個男兒，他竟敢仗三尺長劍，殺入篡位者的夢中——朱棣的夢，設備不嚴，已多次為死朝廷之難的忠臣突破了。

朱棣一夜沒睡好，早晨勉強打起精神，從宮裡出來。景清的皮就懸掛在宮門口，當龍輿經過時，掛屍首的繩索突然斷了，屍體落下，還向前走出二三步，直向朱棣撲來，就像要來「犯駕」一般。

朱棣被景清嚇了一夜，魂魄還沒收束歸位，又被他這麼一嚇，幾乎暈厥。只好命人把景清的遺骸取下，藏於庫中，同時實施了殘酷的報復，下令夷滅景清九族，並掘焚其先人之墓。

然而景清亦是強項，他也不肯放過篡逆者。不知他死前有沒有說過「我做鬼也不放過你」之類的話，總之自此之後，朱棣白天黑夜就沒好夢可作了，經常夢見披頭散髮、一身是血的耿清繞殿追趕他。而朱棣在夢裡，就像秦始皇遭遇殺手荊軻，慌了神，只顧逃跑。

成化十七年（一四八一年）進士宋端儀著《立齋閒錄》所記更怪，說景清來到暴君的夢中，和血唾罵，朱棣挨了一夜的罵，次日醒來，只見他所穿的衣服上，還能看到「血星燦燦」——看來這鬼是要玩出界，鬧到陽間來了！

朱棣怕是嚇得夢遺，一身盜汗，從夢中醒轉過來，見侍衛林立，方才靈魂歸竅，仍復發威道：「耿清猶能為厲耶！」[1]遂以「奸惡」之名籍其鄉，轉相攀指抄拿，受害者數百人，人稱「瓜蔓抄」。耿清出生的村子，人煙為之一空。

作為一代忠烈，景清身後留下許多傳說。其中一個講，景清肩上本懸有三盞神燈，分別是三位大仙。有二盞燈因他事先已熄滅，他刺殺未遂後，被剝皮實草，懸掛於長安門，激憤之下，失口罵了看守紫禁城的門神爺秦瓊和尉遲敬德，誤了他們巡夜，最後一盞燈也滅了——原來皇宮的大門口還有一個「黑社會」，只不知秦叔寶、尉遲敬德是神還是鬼？

永樂後，仁宗、宣宗在位，宮中戾氣漸不如昔之盛，但仍不時有鬼怪出沒。祝允明《野記》載：宣宗曾經因一時之怒殺了兩名小太監，怒氣消後，方覺死者無辜，死得可憐，但悔之無及矣。他晚年一日在宮中游幸，突然瞪大眼，指一處大叫道：「那廝又在此！」即命取彈丸亂射。左右不知何故，奇怪地問：「那是什麼？」宣宗驚魂未定，喘著粗氣道：「就是被我殺死的那兩個太監，他們見朕來了，伏在那裡，一言不發。」然而左右什麼都沒有看到。

此後這樣的怪事愈發頻密，直到宣宗晏駕。

1 編注：據《明史》載，「景清本姓耿，訛景」。

這兩隻鬼一直「伺候」宣宗到晏駕，且不失其恭謹之狀，可謂善能報復者，當是鬼中的智者。

後來的諸帝，修煉、服藥者不少，丹鉛性燥，人服食後性情大變，難以自制，故常有乘怒殺人之舉。而枉死者冤魂聚結不散，整日在宮中糾纏不去，致害人者精神恍惚，則不免在白日也見鬼了。

明中期以前，宮裡常見的異物是「黑眚」。《明史・憲宗紀》載：「成化十二年秋七月庚戌，黑眚見。」

「眚」這個字音「省」，常與災字連用，合稱「災眚」。歷代「正史」都有《五行志》，多記載各種怪異之事，依著金木水火土五行之法，眚也被分為赤、青、黑、白、黃五眚。黑眚性屬水，色為黑。

先來看《明史・五行志》所記成化十二年（一四七六年）之前的「黑眚」案例：

洪武十年（一三七七年）正月丁酉，金華、處州雨水如墨汁。

——這是下黑雨。那時沒有工業汙染，雨水變得黑漆漆的，一定是怪物來了。不是妖怪經過之處，都冒一股黑煙嗎？大概同此一理。

洪武十四年（一三八一年）正月，黑氣亙天。十一月壬午，黑氣亙天者再。二十一年

（一三八八年）二月乙卯，黑氣亙天。

——這是一道黑氣橫亙於天。藍藍的天空鋪開一條巨大的黑帶，就像一個人臂纏黑帶，是報喪致哀的標誌，預示著大大的災異。

宣德元年（一四二六年）二月戊子，北方有黑氣東西亙天。八月辛巳，樂安城中有黑氣如死灰。

——《五行志》裡記載的黑氣，大都未指明發生地，而宣德元年八月的這次，則確指籠蓋在山東樂安州。樂安是宣宗叔父漢王朱高煦的封地，這年八月，這位抑鬱不得志的皇叔終於賭氣反了，馬上召來宣宗的親征大軍，同時他的封城裡出現了如死灰一般的黑氣，等於預定了他的失敗。我很懷疑這是「觀氣者」為討皇帝歡喜附會出來的。

正統元年（一四三六年）九月辛亥，未刻（約在下午一點鐘），黑氣亙天，其走向是自西南縱貫東北。二年（一四三七年）八月甲申，北方黑氣東西亙天。

——這兩處記載稍詳，點出了黑氣的走向和大致方位（北方）。

正統十四年（一四四九年）十一月己丑，晡時（約下午三點到五點），西方有黑氣從地而生。

——西方某地，平地裡升起一道黑氣。古人還是能夠分得清黑氣與黑煙的，西方冒黑氣肯定不是山林失火，那黑氣一定特別厲害，讓人擔心裡面突然躍出一怪，所以才認真記下來。

還有：景泰元年（一四五〇年）二月壬寅，黑氣南北亙天。十月辛未，西南黑氣如煙火，南北亙天。二年（一四五一年）四月庚辰，有黑氣如煙，摩地而上。

天順五年（一四六一年）七月己亥朔，東方有黑氣，須臾蔽天。

成化七年（一四七一年）四月丙辰，雨中夾沙，色黑如漆。八年（一四七二年）三月庚子，黑氣起西北，臨清、德州兩地大白天伸手不見五指……

從上面所記數例來看，黑眚一般顯現為黑氣，像有人提著一大桶黑漆，在半天裡亂刷；或者是一道來歷不明的怪異煙氣，慢慢升騰，很快漲滿天空，但偶然也顯現為墨汁一樣的黑雨。其他白、黃、青、赤等眚大致相近，主要是顏色不同。

但成化十二年（一四七六年）秋天的黑眚，卻大不一樣。

這年七月初九日，還在夜裡，京城裡突然鬧起了黑眚。不知是從哪一坊先鬧起的，很快全城受到驚擾，人們都不敢待在屋裡，紛紛走上街頭。有人張燈持刀，敲鑼打鼓，滿城追逐，也沒有捉到怪物。據目擊者報告，那妖怪長著一對金色的眼睛，尾巴很長，既像狐狸又像土狗，裹著一團黑氣，從窗戶飛入飛出，直如無人之地，凡與之相遇者無不昏迷。

這樣滿城擾攘，鬧了一夜。

到了凌晨，憲宗皇帝正坐在奉天門上上朝，突見門上侍衛軍人的佇列亂了，有人驚呼道：「黑眚！」

憲宗聽了害怕，站起來就要逃，虧得司禮監太監懷恩還鎮靜，一把將他的衣服拉住，不然我們英明神武的皇帝就要拋下群臣，自逃回宮了。

禁衛嚴密、百官濟濟的朝堂之上居然鬧起怪來，這一番變故實為少見，加劇了人們驚懼不安的心情。本來上朝之時，天已漸亮，陽氣生發，一般什麼僵屍、吸血鬼，都見不得陽光，也該四散躲起來了；況且奉天門前廣場上，露天地裡站立文臣武將上千人，兩旁劍戟林立，也不是妖孽敢出沒的地方。但如此咄咄怪事，為何偏偏發生在朝堂之上？還差一點驚飛了龍馭！

其實上朝的官員們一夜餘悸未消，雖然大夥聚在一起湊陽氣，膽兒略壯，但交頭接耳，互傳消息，疑心病反而傳染加劇，稍見恍惚的影子，便忍不住神經痙攣，再聽人喊一聲妖怪來了，自不免一起發作了。

三十多年後，京畿地區又鬧了一次眚。

先是正德七年（一五一二年）六月二十日，在北京以南的涿州和順德、河間二府，傳聞有人見到黑眚，大者如犬，小者如貓，數量極多，它們在夜裡出來傷人。不久，黑眚就上京來了，顏色有黑有紅，行動敏捷，若風行有聲。居民都很驚慌，到夜裡紛紛自發組織起來，持刁鬥器械，巡察警告，一直到天明，不敢闔眼。

這一次鬧的時間很久，過了一個月才漸漸平復。隨後河南封丘縣又報告鬧眚，大約怪物移師南下了。

崇禎十一年（一六三八年），在明王朝風雨飄搖的當口，京師又鬧了一次黑眚。據記載，黑眚狀如狐狸。既是狐狸，就要作祟。這回黑眚在許多人的家裡「為祟」，鬧了半年才止。

這種動物形態的黑眚，到底是什麼，誰也沒搞清楚。即便以今天的知識，也難以做出合理的解釋，只能懷疑是素有迷信思想的古人，被幾隻在樑上屋角亂竄的發情貓狗驚嚇到了，或酒後開了天眼，看見了本不存在的東西，遂張大其詞，播散謠言，以為鬧眚了。當時的人們是被自己狠狠地嚇了一跳！

其實不單紅牆之外，就是宮廷裡也是時常有黑眚出沒，把皇帝嚇得不輕，這個留到後面講。還是先把憲宗朝的事說完。

第五十九章　又一個想得天下的和尚

黑眚給人造成的心理影響剛剛消退，明宮又發生一件異事：一個叫侯得權的「妖人」，以「符術」在京廣收徒眾，他甚至在宦官中發展了不少弟子，多次潛入禁廷，由此案發。

關於此案，實錄的記載非常簡略，畢竟一朝國史不等於刑部的案卷，能夠把案件的來龍去脈交代得詳盡清楚。本人深知這支筆是在寫史，豈敢率意發揮？但又不能寫得太過草率枯澀，令人讀來味同嚼蠟。

讀者討厭讀史書，埋怨「讀不懂」、「枯燥無味」，其實這倒不是史家在「故作高深」，而是歷史記載常常是破碎的，以片斷的形態存在，歷史學家的責任是將這些「斷爛」的資料編綴起來，盡量還原歷史真相，而同時必須遵守真實的原則，不能挾想像之力以超東海。可一般讀者呢，卻希望像讀一部驚險小說那樣去痛快地讀史，除了要求文筆淺顯生動，還要有大量的細節，故事必須完整，線索須當清晰，人物還應該有性格（其實小說中的人物性格最鮮明，而歷史人物卻是複雜的，有時甚至複雜到難以捉摸其性格）。

本人自問不敢靠想像去聯綴故事，也不敢進行瑣碎考證以膩煩讀者，所幸東魯古狂生的擬話本小說集《醉醒石》，第十二回〈狂和尚妄思大寶，愚術士空設逆謀〉講的就是這件事。狂生兄著書時離侯得權事件也有二百來年了，但時代總比我近，他又是明末清初的人，耳食亦較我為廣，不妨將這段有鹽有醋的故事與歷史混搭著一起講，好添一些趣味——

故事的主人公叫侯得權，小名立柱兒，是保定府易州人。他幼年時在狼山廣壽寺出家，取僧號為明果。

侯得權在廟裡混到二十多歲，開始四處游方。和尚光會梵唄是不成，只會撞鐘念經的和尚是迂和尚，好比侯得權的前輩模範朱元璋，若沒有三年的遊方經歷，大大增長了見識，後來怎成得大業？話說這侯得權自離了寺，四處流蕩，在紅塵中打滾，對世事人情，便練達通透，成了一個禿頂的老江湖。

這一日他來到河南少林寺。

看官，你莫以為下面要講侯得權如何拜在名師門下，勤學苦練，成為一代棍僧。少林寺的神話，都是後世漸漸敷衍張大的，在俺這部依史直說的故事裡，絕無棍僧、神功什麼事，甚至與少林本院也無甚關係。只是侯得權在少林寺逢了一段孽緣，從此徹底改變了命運。

少林寺似乎是個異人大本營，看官可還記得，神相袁珙就是在這裡遇見姚廣孝，點撥他走上造反道路。侯得權也遇到一位相術師傅，是個道人，只把他一看，就點讚兩個字：「好相！」

這位明果和尚侯得權半生得意的，正是他那副出眾的尊榮，只是久而不遇，困頓禿林，今日陡然聽那道人一喝，彷彿天尊下降，喜笑顏開，忙求他指點休咎，斷一個前程。

道人一排他八字，卓然大驚，道：「和尚！你將來富有天下，是個帝王之造！」

這是東魯狂生的演義，而這次算命是後來那件大事的引子，《明憲宗實錄》也把道士的判語記錄下來，只說侯得權「後當極貴」。意思倒差的不遠。

侯得權是老江湖了，他深知那些掛半仙幡兒的術士，都是出一張油嘴，靠奉承人吃飯：經商的，個個財主，讀書的，個個科甲。假若這道人許他一個手握千軍，立功異域，或者良田千頃、牛馬如雲，他或許還在疑信之間，沒料到道人竟許了他一個皇帝做！大出意外，他臉上數粒七星鴻運的黑麻子頓時奇癢起來，倒有七八分信了。

東魯狂生說：「人當著奉承，也沒個不喜的。就是做不來的事，初始驚恐，道沒這樣的事，後邊也畢竟疑道：這人怎輕許我，或者有之嗎？」將人的心態模擬的極是。

其實，許人皇帝做，也不是特別意外的事。陳勝說過：「帝王將相，寧有種乎？」孫悟空也說過：「皇帝輪流做，明年到我家。」瞧歷史上，許多農民「起義」，才占了幾個山頭，就馬上稱帝，宣布改元，大封宰相、元帥。不要說成化朝，就是洪武年間，陝西有個叫田九成的「妖賊」（凡以民間宗教號召人的，都被稱為妖賊、妖人），在勉縣自號漢明皇帝，改元龍鳳，其黨羽分別稱彌勒佛、四天王等——他仗著幾塊山地，就要和大明皇帝並駕齊驅呢！

那道人察言觀色，見侯得權臉上黑點發亮，卻有疑難之色，心知奏效，乃更催一把火道：「和尚，我朝太祖高皇帝，也曾在皇覺寺出家為僧，後來還不是登了大寶？和尚你竟與他相似。學生算過多少命，沒一個差的。事在人為，只是得志之日，不要忘了小子江朝！」

江朝的名字，不是東魯狂生編出來的，這個嚼舌頭騙飯吃的小人物，在官方正史裡，可是存了名的！

有朱元璋的榜樣力量，再加上江朝的勵志教育，侯得權不由得信了，從此便欲做一番大事業。但到底是「功業」未成而身先死，把戴皇冠的頭給弄丟了。侯得權雖然沒如願坐上江山，但在獄中坐地時，沒「忘了小子江朝」，把多年前贈他「後當極貴」四字咒語的道人供了出來。江朝是謀逆大案有名中的人物，自然插翅難飛，很快在少林寺束手就擒。經過這麼多年，江朝還是落了網，顯然他是個擺地攤的，常年在少林寺支帳賣卦。當朝廷派來的錦衣衛探員一擁而上，將他撲倒在地，拿重重鐵鐐鎖他脖頸時，他一定惶恐掙起，大呼「冤枉」。然而，這兩字與他平生所算一樣，都是不準的。

且說侯得權聽說自己有皇帝命，歡喜至極，但轉念一想，心中好不疑惑：如今天下無事、四海升平，正所謂光天化日，朗朗乾坤，這皇帝怎輪得上他來當？卻很犯躊躇。

正巧又讓他遇到貴人，還是一個胡說道人，名叫田道真。這田道兒對他說：「如今真主已有了，北邊人都曉得的，有書為證。」就從囊中取出一本書來。這本皺巴巴、鬼畫符的書上講，陝西長安縣曲江村金盆李家，有一女子，懷孕十四個月，始生一男，名叫李子龍。此子生時，有紅光滿室、白蛇盤繞之異，長大後當有天子之分。

看官看到此，可能要笑了：這小子，成了人形，還不快快出來見世面，老躲在娘的肚子裡，不變成哪吒，也要成死胎了！但當時的人，哪有今人見識高，以為降生時有紅光、白蛇，再加上一個超長的孕期，都是聖人、異人的標籤和符號。侯得權立刻興致勃勃地看起來。

東魯狂生將侯得權遇見兩位異人的事寫到一起，還說他們兩位發生了爭執。田道真（東魯狂生的書裡作周道真）指他的寶書道：「若李子龍是個真主，和尚也只是公侯之命。」江朝卻堅執侯得權是天子之命，說：「這事可妄許得人的？若後來不準，我也不算命。」他甚至推算出：「登基只在丑字運，申酉之年。」他將自己比作神相，慨然道：「須信我這鐵冠道人、袁柳莊！」

其實這兩位所爭的，只是侯得權到底是天子命，還是輔相之命，但對於明果和尚面相之貴不可言，均無異議。侯得權便想了個「從權」的辦法，我何不自認作李子龍，應了這符讖，真命不就是我了？

想定，和尚也不做了，即刻檢裝西行入陝，從此去謀他皇帝的營生了。

第六十章　姓李的不得了

其實田道真、侯得權當做寶的所謂「異書」，就是民間流傳的祕密宗教文本，這種書籍種類雜亂，多借一些含糊不清的附會之詞來做政治預言，也就是所謂讖緯之書。這類書在漢代特別流行，並且得到官方的認可，甚至將它推尊到與經學等量齊觀的地位。但當權者後來發現，這是一柄雙刃劍，你能利用它獲利，也可能因為它而遭受不可承受的損失。西漢末年，王莽就是利用「代漢」的讖語，公然篡漢，建立新朝；東漢末年，黃巾軍起義也打出了「蒼龍已死，黃龍承天」的旗號……，有了這些教訓，後來的各姓王朝，開始轉變對讖謠的態度，稱之為「妖書」，加以禁絕。

在帝制時代，凡不服官府管理者，都被稱為「賊」；若賊前再加一「妖」字，所謂妖賊、妖人、妖氛等，多是指借宗教名目為號召的個人或團體。然而，精神力量的生命力遠比肉體為強大，雖然歷代朝廷使用嚴刑峻法，對民間流傳的名目繁多的預言書（如密書、寶書、經卷等）厲行禁止，但毫無成效，奉這些寶卷為精神支柱的民間祕密宗教相當昌盛，代代不衰，層出不窮。

侯得權得到的那本異書，宣稱當得天下者，是一個叫李子龍的人。這個名字並非完全胡謅，他是有其來路和隱祕的傳承的。好比「李」這個姓就不得了，它與一個流傳了一千多年，影響非常深遠的「李王當興」的讖語有著密切的聯繫。

李氏當興的預言，可以上推到東漢末年原始道教中一個叫「李弘」的人，以後「稱名李弘，歲歲有之」。據湯用彤先生考證，從西元三二二年到四一六年，前後不過百年，東起山東，西至四川、陝西，南到安徽，在這麼大的範圍內，都有人利用李弘的名義領導民變（我盡量不亂用「起義」這個詞，是因為不知道他們是否有「義」）。

第一個李弘出現的背景，是漢末黃巾大起義，黃巾軍利用的宗教武器，是道教（五斗米教等）。道教之長是李耳，所以農民起事，利用原始道號召群眾時，多取用李耳之姓；有學者認為，李弘可能就是李耳的別名。也就是說，眾多的「李弘」，其實都是當時利用道教發動農民暴動的領袖的代名詞。

利用李氏當王的讖語，在隋末最為突出。當時社會上傳播「李氏當為天子」的讖語，其流傳之廣令隋帝感到切實的威脅，以至於有個叫安伽陀的方士上言，請「盡誅海內凡李姓者」。看來元末殺盡天下李、趙、張、王、劉五姓漢人的動機，不是沒有先例可學的。

隋末還有一個李玄英，他聽到一首歌謠《桃李章》（即「桃李之歌」），認為「當為天子」的李氏就是瓦崗寨的李密，就跑去獻桃。李密從此就以「李王」自居，在反隋的檄文中說自己「姓符圖緯，多協歌謠」，以此作為天下歸心的號召。

不料這時又興起一位「李王」，就是建立唐朝的李淵、李世民父子，他們父子在起兵時也宣稱：「李氏將興，天祚有應」。李密與李淵父子都自稱其姓「著在圖讖」，但讖文之應，又不能「彼我所共」，李密、李淵兩家不免一戰。而就在這兩李在中原逐鹿時，西北武威又有一位李軌起兵，他的口號也是「常聞圖讖云李氏當王，今（李）軌在謀中，豈非天命也」！三家都來爭這個天命，後來李淵父子勝出，在建立唐朝後，為了絕人口實，趕緊認了道教李耳為祖先。

可能是李唐搶了這一先機，加之唐、宋兩朝都尊崇道教，托言「老君當治」，號召李王當興的聲音漸漸沉寂。但到元代晚期，李氏當王的古讖又隨著白蓮教的活躍復甦了。元末白蓮教領袖韓林兒，就曾自稱是「李氏子」。當然他後來又改了口，對外宣稱是宋徽宗八世孫，以適應「反元復宋」的需要（其子韓林兒建立的政權，國號為宋）。

而當時的讖語，有許多比「李王當興」的口號風頭更健，如著名的「明王出世」，人們都相信，將取代蒙古人的，必是一位「明王」（而非「李王」）。所以韓林兒自稱小明王；而他的部下，也是出自紅巾軍系統的朱元璋，在建國後定國號為大明，都是為了應這個預言，好讓天下愚民相信，自己才是天命的真主。

這表明，無論是接過「李氏當興」古讖的接力棒，還是強扯某姓大腿亂認祖宗，都不過是為了搭梯子上樓，好摘權勢的桃子，而與信仰並無多大關係。

明代白蓮教主要活動在陝西、山西等中國北方地區，也就是妖道田道真所說「如今真主已有了，北邊人都有曉得的」；他所挾的妖書虛構了一個將取代明朝而興的「真主」李子龍，並將這個神祕人物的降誕地定在陝西，而陝西恰恰又是白蓮教異常活躍的地區，這都表明，侯得權奉為經典的那本奇書，可能是陝西白蓮教某一支的祕密教義讀本（中國的民間宗教，流派複雜，魚龍混雜，各自的「教義」雖有一定的來源，但在傳播過程中隨意演繹、附加、重構的內容非常多）。

這本書宣稱「真主」已經降生，而且很有來頭（懷孕十四個月，誕時有白蛇、紅光等），這是現成的「意識形態」，侯得權直接撿了這個便宜，冒充李子龍，又利用他學的「符術」在北直隸真定（今中國河北正定）一帶活動，誘人入教。由此可以認定，侯得權的身分，是白蓮教在京畿地區衍生出的一個分支——當然，白蓮教不存在一個嚴密的組織與網路，侯得權的精神直銷，可以自由發展下線門徒，他未必有一個上線領導。

前面說到，「李氏當興」的古讖在元、明兩代已經式微，但它又換了一種形式發展起來。李這個姓，在民間宗教語言裡，常以圖錄、讖語的形式出現，還經常被拆解開來使用，以增強它的神祕性，如「木了一」、「木子弓厶」等（見《太上洞淵神咒經》）；其中最有名的，當屬「十八子」之讖了。在明代晚期，一個「十八子，主神器」的讖語在那個天下大亂的特定環境下，迅速播散開來，「十八子」就是李姓，「主神器」是做皇帝，意思是說朱家必亡，取代他的，將是一位李皇帝。這個讖語，就是由一名術士宋獻策，獻給闖王李自成的。李自成當然很高興，立刻把這句話拿來作為取天下的依據，其實與侯得權冒充李子龍又有何異呢？所以《綏寇紀略》的作者吳偉業在記李自成應讖這件事時，馬上聯想到成化中「李子龍」的舊事，以為兩者是一脈相承的。

侯得權混世界有他的模式，主要憑恃他有一副貴相，先拿他的尊榮唬一唬人，然後再掏出那本祕密手冊，照書直講，驚人一跳：俺就是李子龍！

若沒有一副格外驚人的異相，農家出身的「李子龍」也不會那麼自負，以為自己就有資格坐江山。至於他的尊容如何之異，官史也沒有寫出來供我等瞻仰，東魯狂生的小說中有兩處描寫，一處寫他「方面大耳，廣額聳鼻，真也是個異相」；一處寫他「方面大耳，獅鼻劍眉，也是異人」。真不真且勿論，其描述已不小心露了破綻，如「聳鼻」與「獅鼻」，好像分別說的是法國的大鼻子情聖與香港的某位功夫明星，壓根兒不是同一號人。

想來東魯狂生平生無幸識荊州，「方面大耳」兩句，全屬臨文之際的隨想，不敢作真的。大概侯得權除了一張並不少見的國字臉外，至少還應有腳踏七星、臂生龍文、股點黑子之類的怪異吧！

總之，當李子龍的賊船上升起貴相的旗號，四方臭客紛紛逐腥而來。又有一個術士，名叫黑山的，為侯得權批命，說了六個字：「若遇猴，雞鳳凰。」他的批語通俗易懂：「雞鳳凰」，當然是侯得權這隻野雞將變鳳凰的預言；至於什麼時候變？則有「遇猴」這個前提條件。猴兒是十二屬相之一，在申年，當然含申的年份很多，並無定指，但一旦遇到屬相為猴的年份，就是重要的節點。

侯得權想，江朝說他是極貴之命，黑山又算準了他發達的年份，就在猴兒年，兩下都印證上了，於是十分自得自信，越發狂恣得意起來。黑山也便留在他身邊，做了個謀主，拿侯得權的這個貴命去煽惑人，還喊出一個口號，道是「當今持世救苦拔災好生止殺佛王如來」，稱只要投他門下，便可祛病免災，還有好大的福分，只待申（猴）、酉（雞）之年，便要起事，更易天下，撫治萬民。

侯得權開門收徒，在北直隸真定一帶活動，漸漸打開名氣。但偌大事業不能在鄉下做，農村包圍城市那一套，這裡是行不通的。於是侯得權在一個名叫方守真的道士的引薦下，來到北京，他要直殺入皇朝統治的心臟。

他到北京後，住在軍匠楊道仙家。楊道仙因為服役於內府的關係，與宦官多所相識，由他牽線，侯得權結識了內使鮑石、崔宏，長隨鄭忠、王鑒、常浩，左少監宋亮，右副使穆敬等多人。侯得權很快取得這些人的敬信，而且彼此介紹勾搭，主動來投拜結識的人越來越多。

鮑石就介紹他的親戚羽林衛百戶朱廣入夥，而朱廣起先並不輕信，就約同本衛小旗王原一起來訪。王原看相很有一套，經他一看，大為驚服，兩人都成為侯得權的忠實信徒。

侯得權花果山水簾洞裡的猴子猴孫越聚越多。羽林衛是皇帝的親軍衛，負責守衛皇城，日久情熟，朱廣、王原等人尊侯得權為師，不僅常相往來，贈送禮物，甚至還祕密地將侯得權引入內府萬歲山（今中國北京故宮景山），向禁中張望。

這位貴人倨立於京城的最高點，俯視深邃的紫禁城，大概其心亦悠悠飛騰吧！憲宗後來才得知，他有一次在大內踢球，侯得權就遠遠地在躲在一旁看覷。侯得權看憲宗踢球遊戲，那麼多宮女宦官，圍護伺候他一個人，會不會像當年項羽、劉邦看見巡遊的秦始皇時，一樣生出取而代之的心思？項、劉二人當時不過是布衣，秦始皇挾一統之勢、皇帝之尊，勢焰正盛，兩人就敢想取而代之，貴相早露的侯得權為什麼就不行呢？

這時有個在織染局管事的內官韋寒（東魯狂生書中作御馬監太監韋含，《明史》作韋舍），鮑石本為他名下的官。一日韋太監偶感風寒，鮑石就代他向侯得權求了些符水，服食之後，不期然竟好了。韋太監感激侯得權，置酒請他，拿出些錢來酬謝。侯得權手下雖有些太監老公，但都是些閒冷衙門的低級宦官，而韋寒做著太監的官，又現管著事，算是內廷裡握權把子的人，侯得權就有心拉他入夥。一般人入夥，都圖著富貴，而韋老公富也富了，貴也貴了，豈肯做這險事？他一旦不從，而洩了先機，為害不小。於是他想出一計，要讓韋寒濕身落水。

以下內容根據東魯狂生的小說改寫：

為了將韋老公強拽入夥，黑山和楊道仙設出一計。韋寒有個兄弟叫韋喜，人稱韋老二，此人粗魯，與鮑石最相好。他有個女兒，一直由韋太監養在身邊，已經十六歲了，正要為她尋一門親。但讀書的秀才多不肯與中貴人締婚，在京武官多出身勳戚之門，也少有人願意與太監結親，而一般商人富戶，太監又不肯。是以韋家的女孩一直待字閨中，沒有出嫁。

黑山和楊道仙就對侯得權說：「前日韋太監見李大哥人材出眾，甚是敬重，連稱大哥你不是凡相。如今只消著鮑石先說動韋老二，再遊說太監。好事成了，做了親戚，便休戚相關，不怕他不依。」

但侯得權有些擔心：「若是娶妻，怕不是我們上師的行徑。」他畢竟是個「佛兒」，一旦濺落凡塵，亮出陽物，娶妻生子，到底說不過去。鮑石初聞此事，也說：「上師是個佛，怎要嫂子？」黑山道：「這有什麼！當日鳩摩羅什，是個古佛，秦王曾送他十個宮女，一幸即生二子，這是有故事的。」鮑石這些人哪裡是有知識的，見黑山如此說，也就信了。

於是他們找韋太監說親，只說侯得權是個貴相，他日老公公略扶他一扶，文官、武官盡可以做得。可嘆韋寒也是一時糊塗，並未細究侯得權的來歷，以為他是個貴相，又有好人品，想將來憑著咱的力量，少不了給他掙一頂烏紗帽，就答應了這門親，將視若己出的侄女許給了神棍侯得權。侯得權先前住在楊道仙家，還是個來歷不明的流棍，如今搖身一變，成了太監親戚。

侯得權的祕密組織，發展非常快，信徒中不僅有內廷宦官，還是許多窮軍、百姓，他們入夥時，都要跪拜，設誓賭咒，服從教主。這些人對侯得權極為信服，日常饋贈鞍馬衣服，還要經常設宴招待，見到本人，不敢正視，紛紛北面而拜，稱為「佛爺」、「上師」。而侯得權對他們毫不為禮，簡直就是一個邪教的頭子。他的勢力日益張大，就等「猴運」一到，便一聲令下，裡應外合，打進禁宮，俘虜皇帝，自己來做天子。

成化十二年（一四七六年），農曆是丙申年，正是一個猴兒年。侯得權躍躍欲試，猴子要做孫大聖了。卻沒想到，他這一夥的行為早被錦衣衛官校偵知，一本奏進去，九月裡，奉了密旨，內外一起動手，所有人都一繩收了。

罪犯到案，照規矩由錦衣衛鎮撫司用刑先審，然後送都察院鞫問。其中最倒楣的要屬太監韋寒了，他是被人糊弄進妖案的，下獄後，又恨又悔，深知「近臣交通叛逆」這一本是參定了，與其打問砍頭，倒不如先死，落個全屍。他事先預備了毒藥，待錦衣衛押送犯人出監，將轉送都察院時，他覷個空子，把藥吞了，當場斃命。

因為該案案情清楚，很快審結，奏請處分，量刑的結果是：侯得權、楊道仙、黑山、朱廣、鮑石五人處死，餘黨俱免死充軍。

刑科給事中雷澤認為處罰太過寬縱，上疏參駁，說侯得權等內外交通，陰謀不軌，醞釀禍亂，死有餘辜，請將餘黨王原等九人悉數誅殺。但沒有獲得憲宗同意，可能是因為此案牽涉到的宦官較廣，憲宗在處理此事時，不得不格外慎重，所以本案列名的內員，除韋寒自殺外，僅處死鮑石一人。

黑眚之變和妖人事件，形成一個導線，直接導致憲宗決意開設新的特務機關西廠。《明史》說，這些宮廷異常之變接連發生，憲宗「心惡之，銳欲知外事」，他看中了年輕、「為人便黠」的太監汪直，令他換上便服，帶著一兩名親信的錦衣衛校尉，祕密伺察外情。

第六十一章　紫禁城，最大的凶宅

在現代人的印象中，明朝的皇帝要比清朝的皇帝差許多。看官，容我說一句公道話，明朝的皇帝是遠不及清帝活得滋潤、瀟灑的！譬如說吧，清帝一年有大半光景駐形於京郊或河北承德等處園子裡，自新正祭過天即移居園子，冬至大祀前才回大內——「蓋視內廷為典禮之所，事畢即行，無所留念」。外表堂皇的紫禁城，主要是舉行典禮的地方，皇帝很少在此長期居留。但是，明朝皇帝以乾清宮為正寢，此乃煌煌祖制，由乖戾、偏執而意志頑強的群臣監督執行；多數皇帝都在乾清宮嚥下最後一口氣，稱為「壽終正寢」，這叫死得其所，並被渲染為優秀皇帝的必備美德。

凡是迷信一點，都很忌諱死過人的房子，稱為凶宅。但朱家皇帝，白頂一個專制君主的高帽子，竟連逃離凶宅的自由都沒有，自正德皇帝之後，連勇氣都沒了。有幾位強項一些、不怕人罵的，偏不吃臣子進的苦藥，硬是不在乾清宮裡住，到了蹬腿嚥氣那一天，仍免不了任人擺布，乖乖地被抬回去，在乾清宮「正寢」裡，與歷代先鬼會合。

然而，朱家子孫，一代一代的，生活在這樣一間不祥的殿宇中，夜半覷那黑魆魆的樑架之上，只見魅影重重，鬼影飄飄，彷彿歷代祖先都蹲在那裡，怎不教人魂飛！

傳說好玩的武宗正德皇帝朱厚照，常在乾清宮裡開弓放箭（他，再加上前述之洪武與宣德，就是宮中三射了，而所射皆為鬼物）。在我看來，這不是神經發作，他不是為鬼所驚，就是在發洩對古宅的不滿。好多人很詫異，正德九年（一五一四年）正月的一場宮火，將乾清宮燒得乾乾淨淨，朱厚照不驚不恨，反笑道：「好大一棚煙火」。覺得不可思議。看官，你若理解了，在朱厚照眼裡，乾清宮不過是軟禁他的一座地上活死人墓，他的表現就再正常不過了。

事實上，牢籠焚毀了，第二個月，朱厚照就開始快樂的「微行」了。

其實，明代的皇帝們就是躲開禁宮，也沒好地方去玩（正德一忽北巡，一忽南征，在宣德以後，那是絕無僅有的例外），因為明朝皇室沒有清帝一樣星羅棋布的離宮別苑，他只有西苑海子（包括今中國北海及中南海，都在皇城的範圍內）一處地方好去，仍在皇城的高牆之內。

明朝皇帝就是在西內小小的地方，建幾座殿閣樓亭，仍不免招惹小臣議論。而清朝康雍乾三世，用了百年的時間，花了不知多少白銀，營建規模宏大、富麗堂皇的圓明園，臣下沒有半個不字；對清帝修園子，好像只有一樁事遭人非議，就是慈禧太后修頤和園，那也是因為據說修園子動用了海軍款項，要為甲午之戰的慘敗負責。兩廂比起來，明朝皇帝真要大呼「不公」了！

他們受著很深的約束，日常只在「高牆裡住坐」，與囚徒無異，宣宗之後的絕大多數皇帝，從降生到離世，從未踏出宮門一步。在那小小的空間裡，他們精神空虛，百無聊賴，又常為宿鬼所攝，免不了要靠講道來尋求保護，靠修仙寄託一些幻想，靠吃藥來找尋一點刺激；然而藥性一發，則免不了大發脾氣，杖斃宮女太監，更添許多冤魂厲鬼！

明朝的宮禁總是不寧的。自從憲宗年間宮裡鬧過黑眚後，再一次宮禁不寧，是在世宗嘉靖年間。

「宮禁不寧，得法官而廓清」。這「法官」可不是最高法院的大法官，就是一群黃冠道士和羽流術士。嘉靖皇帝朱厚熜就信這個，他坐在油漆塗彩、鉤心鬥角的木頭森林裡，幻想這裡是海外仙山蓬萊和東瀛，不是燒一爐龍涎香，振羽乘鶴，研究永壽登仙之道，就是披了髮，舞桃劍，飲符水，與鬼玩過界。這種頑強鬥爭的精神與堅定不移活下去享受生活的意志，足以令許多輕生者學習。

朱厚熜在後宮裡，一面持經修真，一面揮劍斬魔，這部道魔相高史，我敢用「書劍恩仇錄」來為它命名。

朱厚熜一生溺於仙道，可能與他來自素有巫覡傳統的楚地有關。

嘉靖皇帝的父親興獻王朱祐杬，是孝宗同父異母的弟弟，封在安陸，也就是今天中國的湖北鐘祥。此處有一座與北京十三陵一同列入世界遺產名錄的明顯陵，就是興獻王夫婦的合葬墓。本來它只是一位親王墳，忽然有一天墳頭冒起青煙，從京師傳來消息，正德皇帝朱厚照駕崩，沒有兒子，決定由他支屬最近的堂弟，也就是嗣興王朱厚熜來京繼承大位。

朱厚熜剛剛守孝完畢，還沒來得及接過興王之位，即一步登天，直接做了皇帝。朱厚熜連二元錢的彩票都沒買，居然中了億元大獎，你說他會不會發嘆說：此非天乎？此非天也乎哉！這是他成為終生不渝的有神論者和溺道者的經歷基礎。

明朝的腐儒，編了些毫無創意的故事，來為嘉靖皇帝塗脂抹粉，說什麼「誕聖之日」，宮中紅光燭天，遠近皆為驚異；那個時候，連渾濁的黃河都變清了，在天上一翼軫分野的地方，還出現了美好的祥雲，而翼軫之交，正應在地上湖廣之地。

我沒去查，朱厚熜出生的正德二年（一五〇七年）八月，黃河有沒有清；因為聖人生不生與黃河清不清，沒有半毛錢關係，如果非要那麼攀扯，那一定是皇帝的「五毛黨」！黃河現在很不清，泥沙滾滾，形成一條懸河，難道要怪中國生的聖人太少嗎？如果一定要說，誕聖之日，黃河清，那也不能去查正德二年，應該查成化十二年（一四七六年），即嘉靖他爹興獻王出生之年。因為興獻王朱祐杬在孝宗諸弟中年紀最長，依著嫡、長繼承的原則，孝宗這一系到武宗絕了（武宗既無子，亦無弟），皇位轉到孝宗庶弟中最長、最近的這一支來，理由最充分。可以說，朱厚熜之所以能一飛衝天，做了皇帝，完全是他爸爸預訂下的機票。

明代中期的皇家課堂上，時髦的話題是「正心誠意」，經典的教材是宋人真德秀的《大學衍義》。朱厚熜十五歲登基，很快就作了一首令群臣膜拜、自嘆不及的詩，其中有一句「萬化修身始」，可惜不消多久，他就以實際行動將之篡改為「萬化修仙始」了。

朱厚熜對修仙長生這一套非常癡迷，他在大內乾清、坤寧、五花等宮，以及西天、西番、漢經諸廠，都建有法壇，齋醮作法，發起狂來，他會不分日夜地搞，即便是平常，也是間日一舉，或一日再舉。每一次齋醮，所費都能達到一萬八千兩白銀。四十年間，上有道君皇帝，下有青詞宰相，君臣一起祈禱修真，樂此不疲。

在嘉靖二十一年（一五四二年）前，朱厚熜主要在乾清宮裡弄這些亂七八糟的東西，二十一年以後，他帶領一千道士，移師西苑，從此不再上朝。紫禁城是絕不回去了，至於那間老屋乾清宮，他下定決心，再也不要見！

原來，他差一點在乾清宮丟了性命，這既令他驚恐，亦成為他一生不願回顧的奇恥。

今日故宮的乾清宮，是清朝嘉慶三年（一七九八年）重建的。在明朝，乾清宮五次焚於火，最後一次是崇禎帝在「殉國」前所為。清軍占領北京後，對乾清宮進行了重修，其形制漸漸與原狀不同。

據刑部主事張合在嘉靖二十一年親眼所見，乾清宮暖閣內，樓上樓下，一共有二十七張床。由此產生二個問題：第一，皇帝寢宮為何要安置那麼多床？許多陰謀論者的頭腦裡立刻會蹦出「防備暗殺」四個字，斷定二十七張床是一種安保措施，殺手即便摸進宮來，一見到處是床，登時傻眼。張合也說：「上下置床二十七張，天子隨時居寢，如是防不測耳。」

根據禮制，天子就寢的地方，從來就不止一處，如《周禮》記有六處（「六寢」），《呂氏春秋》記有十三處。它是有原則的，即不同季節住在一個建築或建築群不同方位的房間裡，其中有規律可尋，並不是狡兔三窟、躲躲藏藏。乾清宮的二十七張床，就在宮殿後部暖閣的樓梯上下，九間相錯的板屋內，每一間排設床榻三張，其間距離不遠，真要有俠客擎刀殺進來，昏君躲無可躲。

這二十七張床，或許真是為防不測，或許還有我們尚不清楚的禮儀依據。其實，假若一個古人穿越到今天，見馬路上跑的小汽車，一人開車，卻拖著四把椅子，他也會好生奇怪的。

第二個問題：張合是一名文官，他如何能進乾清宮，考察皇上的寢室？這與他的身分有關，張合是刑部主事（相當於今天最高法院的院長），他為了查案，才有幸進入充滿神祕色彩的深宮帷幕之後，滿足一把凡人的偷窺之慾——這對於長鬍子的外人，可是百年不遇的。

第六十二章　最糟糕的死法：被宮女勒死在床上

到底是哪樣的重案，竟要驚動外臣到皇帝的寢宮來勘驗現場？

這要從朱厚熜做得那些齷齪名堂說起。

道教的許多玩意兒，如合體雙修、採陰補陽等，都很汙濁，只有坐在最低級的妓院裡，才能想出這樣的歪招；一班邪道還喜歡弄一些稀奇古怪的東西入藥，好比處女的經血、新生嬰兒口中的含血。這要多麼卑鄙無恥的人才想得出來呀！瞧瞧，道貌岸然的嘉靖皇帝，他每天「渴飲少女血」時，是副什麼德行！

為了煉丹，朱厚熜向民間徵選了大批少女，專門為他修煉服務，甚至還要為他提供藥引；這些年少的女子，在宮中遭受到非人的身體折磨和精神凌虐。朱厚熜服食了性燥之藥後，性格變得異常乖戾，常常為一些小事痛責身邊的宮人，被打死的宮女不計其數。這都直接導致了嘉靖二十一年（農曆壬寅年，一五四二年）十月的「壬寅宮變」，十餘名宮女集體動手，試圖殺死昏君。

這依照過去的模式，簡直要高呼萬歲，稱之為「無產階級被壓迫婦女向封建主義總頭頭的偉大反抗」了。

現有記載尚不足以復原後宮女子所受的苦難，我也不忍、羞於去想。但俗話說：「捨得一身剮，敢把皇帝拉下馬」，這些女子應知弒君的後果，不管她們行事成與不成，都無法逃脫慘遭活剮的可怕報復，但她們仍義無反顧地去做了，她們是寧願死也不願與暴君共生的。

《明世宗實錄》對此事並未完全隱諱，有兩段記載。第一條於嘉靖二十一年十月二十一日，簡單記載了宮變的經過及處結情況：

「宮婢楊金英等共謀大逆，她們等皇上睡熟時，突以繩縊之。幸虧繩子打成死結，陰謀才沒有得逞。有個叫張金蓮的，知事不成，臨時變意，跑去告訴皇后。皇后往救，皇上才得倖免。於是命太監張佐、高忠抓捕逆犯，嚴加訊問。

審知：楊金英與蘇川藥、楊玉香、邢翠蓮、姚淑翠、楊翠英、關梅秀、劉妙蓮、陳菊花、王秀蘭等人均參加了弒逆行動，首謀是寧嬪王氏；端妃曹氏雖然沒有直接參與，但她對於逆謀是完全知情的（『然始亦有謀』）。

張金蓮等到事情敗露，方才上告。另有徐秋花、鄧金香、張春景、黃玉蓮，亦是同謀之人。」

實錄一共提到十七名女子的名字，除了「首謀」的王寧嬪與「始亦有謀」的曹端妃，其餘的都是宮婢。從行文來看，徐秋花等四人，沒有直接參與動手，只是旁觀，但皇后娘娘來時，卻有「把燈打滅」的情節；「親行弒逆」，也就是動手收拾那王八蛋的，是「常在（或答應）」[2]楊金英和宮婢蘇、楊、邢、姚、楊、關、劉、陳、王等十人。

這一年朱厚熜三十六歲，本當壯年，但他平日養尊處優，吃藥又把身子淘虛空了，實在是花拳繡腿，沒幾兩力氣。幾個女子，壓胸的壓胸，扯腿的扯腿，勒脖子的勒脖子，幾乎要了他的命。只因絞殺他的繩子打了死結，「起義軍」中又有人臨陣叛變，他才僥倖撿了一條命。

對她們的處罰異常嚴厲，不分主犯與從犯，一律凌遲處死（唯端妃在內廷受刑，餘者都在西市公開處決），死後仍「銼屍梟示」（梟示是將犯人的頭顱割下來掛於高杆，銼屍是將其遺體肢解砍斷，即碎屍）；她們的近屬，按今天的話說，不管是否在一個戶口名簿

2　答應、常在，均是宮中有一定職務的宮女。

上（「不限籍之同異」），均受到牽連，被斬者十人，發功臣家為奴者二十人，財產全部沒官。

本來家裡有個女孩兒在宮裡，即便是一般的雜使婢女，也是一件特別榮光的事，保不齊哪天沾了天恩雨露，一家老少翻天就做了皇親國戚，可以在長安路上威風了。誰料到，她們的女兒膽大包天，竟敢取皇帝的腦袋，這真叫他們受死也喊不出冤來！

然而，這其中固然有敢於反抗暴政、可歌可泣的奇女子，而含冤枉死者也是實實在在有的。

據實錄記載，謀逆的當天，就是十月二十一日，皇帝雖然一時未死，但也被牛頭馬面候了些時辰。有個叫許紳的御醫壯著膽子，開了一副下血的猛藥，辰時下藥，到未時忽然作聲，一大口紫血吐出來，才緩過來，「群心乃定」。這位御醫卻因為驚悸過度，不久就死了。

皇上還在慢慢從死亡線上往回掙，報復的詔書已在當天發布，所有涉案人員全部被酷刑處死。這個「不分首從」之詔，自然不是朱厚熜本人所發的。詔書的發布者，實為皇后方氏。

實錄關於此事的第二條記事，是十一月初二日的一份敕諭，主要是通告中外：朕躬無恙矣。宮婢伏誅時，次輔嚴嵩入閣才月餘，仍掌禮部。這通「布告天下」的敕諭是他上疏特請的。對此有人頗不以為然，如王世貞說：「內廷謀逆，幸而無成，這本非聖朝美事，何必頒示四方？其傷國體甚矣！」這要是清朝，一定將此事隱瞞下來，外人不准講、不准傳，違者定然殺頭。

然而，正是這份敕諭，對外稍稍公開了案情。其中說：

「是年十月二十一日，變生楊寢，二逆御氏結宮婢楊金英等，大肆謀逆，戕害朕躬。」

「二逆御氏」，指的是王寧嬪與曹端妃。敕諭的基調是：這次宮變，是王、曹二氏密結宮婢所為。

人們不能無疑：自古為爭奪皇位而起的宮變不少，妃子率領宮女殺皇上卻是前無古人。妃子把皇帝殺了，總不是自己來幹吧？

本案的審理及對犯人的宣判與處決，在皇帝不能理事期間，都是由上文中的那位「后」，即朱厚熜的第三任皇后方皇后主持的。

朱厚熜即位很久，一直沒有子息，於是在嘉靖十年（一五三一年）三月，按照天子六宮、九嬪的古禮，同時冊封九人為嬪，其中就包括現在的皇后方氏（德嬪）與那位「首謀」受誅的王寧嬪。

嘉靖十三年（一五三四年），朱厚熜的第二任皇后張皇后被廢，方氏繼立為皇后，嬪中的沈氏、閻氏被分別封為宸妃、麗妃，合稱「三宮」，相當於戲劇裡常說的中宮與東、西二宮。

從方氏的地位迅速上升，並取皇后而代之，可見她是一個特別厲害的角色。各位看官，估計您已經聞出一些人世滄桑的味道了。當年一起被封的九嬪，如今做皇后的做皇后，做妃的做妃，卻也有人如王寧嬪——十年屁股沒挪窩，她肯定非常難受，內心充滿怨懟。這是不是王寧嬪弒逆的動機？她與原先的姐妹，如今權蓋六宮的方皇后，是否因此生出巨大的嫌隙和仇恨？

在宮變前的那段日子，最得皇帝寵愛的，是端妃曹氏。

曹氏是嘉靖十四年（一五三五年）選進宮的「淑女」，當年十一月冊封端嬪。曹氏被封為嬪，是為了補足原選的九嬪之數。十五年（一五三六年）九月九日，同日封五妃四嬪。其中麗妃閻氏以「首誕子祥」（即為朱厚熜生下長子朱載基，但此子出生僅二個月即夭折，追封為哀沖太子），與宸妃一起進封貴妃。端嬪曹氏「首出淑祥」，進封為端妃。「淑祥」與「子祥」相對，端妃冊文中又說她「首占虺蛇之祥」[3]，說明曹氏進封的原因是因為生了

3 古代認為是生女的預兆。按《詩經．小雅．斯干》：「維虺維蛇，女子之祥。」

皇長女。查《明世宗實錄》，嘉靖十七年（一五三八年）三月，皇第二女行剪髮禮，命名福媛，並以皇長女名壽瑛示禮部登識玉牒；又嘉靖二十八年（一五四九年）七月，皇第一女薨，追封常安公主，十二月葬於西山。綜合以上資訊，朱厚熜的長女，名壽瑛，為曹端妃生，卒年約十五歲。而宮變發生的時候，這孩子還小，約莫六歲光景，應該還由母妃撫養。

以上大致介紹了牽涉進宮變的幾個主要人物，再來看宮變的詳情。

因為張金蓮的背叛告密，方皇后及時趕到現場，救下皇帝，宮婢楊金英等功敗垂成，束手就擒。方皇后隨即下「懿旨」，令司禮監「好生打著問」，也就是用刑嚴究「逆情」及主謀、預謀人員。

據楊金英供招：十月十九日點燈時分，聽王、曹侍長（即王嬪與曹妃）在東稍間商議道：「咱們下了手吧！強如死在他手裡。」當時在旁的還有楊翠英、蘇川藥、楊玉香、邢翠蓮四人，楊玉香當即往東稍間去，將細料儀仗花繩解下，搓了一條繩子。

到二十一日卯時（約在凌晨五點），蘇川藥將行兇用的繩子遞給楊金英拴套兒，約好一齊下手。邢翠蓮將一塊黃綾抹布遞與姚淑翠，先蒙在朱厚熜面上，然後姚淑翠掐著脖子，邢翠蓮按著胸，王槐香壓在身上，蘇川藥拿著左手，關梅秀拿著右手，劉妙蓮、陳菊花按著雙腿。頓時昏暗的宮殿裡，燈火搖曳，人影幢幢，木床吱呀，朱厚熜夢中驚醒，拼命掙扎，但很快被勒得只有出氣沒有進氣。

不料眾女子使足勁，勒了好一會，皇帝總不死。姚淑翠急了，幫關梅秀一起扯繩套兒。楊翠英急呼道：「掐著脖子，不要放鬆！」再看繩子，原來誤打了個死結，無論怎樣加力，朱厚熜都存著遊絲般的一口氣，喉間齁齁發喘。眾女子慌起來，竟沒人想起拿個枕頭給他壓上，只顧使勁力氣。

這時張金蓮見事不好，抽腿溜了，跑去報告方娘娘。皇后馬上趕過來，不想剛進殿來，先挨了姚淑翠一拳，王秀蘭急呼陳菊花吹燈。張金蓮讓總牌[4]陳芙蓉把燈點著，卻被徐秋花、鄧金香、張春景、黃玉蓮打滅。陳芙蓉見對方人多，就跑出去叫管事牌子，這才將各犯拿了。

以上是司禮監太監張佐據楊金英供詞的奏報。這份很可能受到方皇后授意的讞詞，究出的主謀是王寧嬪與曹端妃，稱寧嬪王氏叨受封號，卻乃首先造意，審其所犯，罪與楊金英等相同；端妃曹氏計議謀害，雖不親與弒逆，亦係造意之人。大概楊金英所供聽見王、曹二人在東稍間說「咱們下了手吧」，便是鐵證。

謀殺當今皇帝，這樣一個大案，以極高的效率審訖並立即執行。

---

3 「總牌」是各宮的宮女頭頭，下行的「管事牌子」是各宮管事負責的宦官頭頭。

皇帝還沒有醒轉過來，方皇后已代他出旨，除了總牌陳芙蓉，其餘的人全部押赴市曹處死。陳芙蓉當時也在謀逆的現場，聖旨說：「陳芙蓉雖係逆婢，阻攔免究」，但從太監張佐的奏報來看，她只是在方皇后趕到後，在同是「逆婢」的張金蓮的要求下，把燈點著了，又跑出去叫管事牌子，她之所以免究，可能別有緣故。張金蓮有「犯罪中止」與贖罪的行為，但她的舉報之功不被認可，因為是「見事敗露，方才報知娘娘」，她沒有得到寬免。

宮變最大的疑問是發生在哪裡？只有案發第一現場確定了，才能明確涉案人員以及作案動機。刑部所奉聖旨只說「（群逆）弒朕於臥所」，並沒有說明是哪間宮殿。《明史·方皇后傳》說「是夕，帝宿端妃宮」。沈德符《萬曆野獲編》「宮婢肆逆」條也說：「是夜上寢於端妃所」；然而同書「嘉靖始終不御正宮」條又說：「至壬寅宮婢之變，嘉靖帝因謂乾清宮非善地，遂將先朝重寶法物，盡徙於永壽宮，後宮妃嬪俱從行。乾清遂虛，直至丙寅上賓。」稱宮變發生在乾清宮，所記自相矛盾，可能沈德符對宮變地點也不甚了解。

嘉靖年間曾任刑部尚書的鄭曉，在宮變發生時，剛剛進入刑部工作。他在《今言》一書中，鑿鑿謂為「西苑之變」。《今言》中一共二處提到「西苑之變」，他還採訪了為朱厚熜配藥的許紳，似為言之有據。他說：「嘉靖西苑宮人之變，聖躬甚危，得（許）紳藥始蘇。」

鄭曉曾親自造訪許紳，問起「聖躬安否」。許紳道：「此變禍起不測，從官守上來說，開方進藥非我輩之事，但切念受聖主深恩，當以死報。」

許紳以工部尚書掌太醫院事，他不是御醫，本不必親自開藥。他將下血藥進呈後，已做好了「不效必自盡」的心理準備。然而幸賴「天地廟社之靈」，皇上康復了。為了表彰許紳進藥之功，朱厚熜特加他太子太保銜，改禮部尚書（禮部地位比工部要高）。

鄭曉聽了，嘖嘖稱奇。過了幾個月，忽然聽說許紳病了，便去探視。許紳對他說：「我必不復起矣。我這病是那日西苑用藥驚憂所致，至今神魂不寧，百藥不效。我就要死了，幸得主上萬壽，我死無憾！」沒幾天，許紳果然死了。

在二次訪談中，許紳多次提到「西苑」，這是當事人在距離事件發生很短的時間內做的第一手回憶，可信度極高。鄭曉被稱為明代的「掌故大家」，他很注意收集史料，這段談話在他看來，正是他親自採訪所得的「口述歷史」，在一些關鍵資料上他不會亂寫，不是西苑，胡寫作西苑。

以上三說（端妃宮、乾清宮、西苑），到底孰是呢？我以為曹端妃宮的可能性最小。此說看起來最近情理，皇帝來了，彷彿掉落在為他預設的陷阱裡。但此說如成立，案發現場就在曹妃宮中，那麼楊金英等人就應該是曹妃的侍婢，若欲為其開脫，是無論如何辦不到的。但曹妃卻是無辜的，連加她罪的敕諭也說她「不與」逆謀，而且在事發時，她並不在場，如果是她的住所，她到哪裡去了？所以此說可排除。

那麼鄭曉的西苑說，以當時人記當時事，看起來最難置疑。但我們應注意這樣一個情況，即許紳只是在「西苑用藥」。在宮變後，驚得半死的朱厚熜如何肯再在原地停留？他可能被轉移到較利於他養病的西苑。故許紳多次來診斷開藥，都是在西苑。至於宮變發生在哪裡，以他當時「驚悸」的心理（這一嚇竟留下不治的病根），哪裡顧得上打聽，又哪裡敢問？

人們往往將壬寅宮變與朱厚熜厭居大內聯繫起來，如《明史》說：「帝自二十（一）年遭宮婢變，移居西內，日求長生，郊廟不親，朝講盡廢，君臣不相接。」這樣一個大的背景不能忽視，如果朱厚熜差點受死之所就在西苑，那他何以日後二十四年，就賴在西苑不願再回大內呢？

除此之外，我覺得有二個理由可證明宮變就發生在乾清宮。

首先，如果案發第一現場不在乾清宮，為什麼刑部主事張合會跑到乾清宮進行調查，還把皇帝的床有多少張數了一遍？其次，在明代，帝后分別居住在乾清宮與坤寧宮，兩宮之間僅隔一交泰殿，其間有穿堂相連（明代的後三宮形制與清代大不相同，可參見明末太監劉若愚《酌中志》的記載），乾清宮告急，居住在坤寧宮的皇后才能很快趕到。否則待叛徒張金蓮拐著小腳趕到，皇后再趕過去救援，路上往復，朱厚熜早就該忍不住洩氣了。而後期朱厚熜在西苑玄修，將皇后拋在一邊，帝后則不再如此相近了。

從宮變發生時的情景來看，朱厚熜身邊並無妃子侍寢，久蓄怨氣、抱定必死之心的宮婢們突然發難，「戶外聞咯咯聲」，而沒有驚動外人。這種情況，只有較大的宮殿才有可能。朱厚熜住在乾清宮的暖閣裡。明代乾清宮的暖閣是指宮殿後側的樓閣，分上下兩層，與清代的暖閣分別在殿的左右不同。宮變發生後，裡面發出的聲響，一時不易為殿外察覺。

值得注意的是，方皇后趕來時，並沒有帶著較有力氣的宦官。這可能是明朝制度，更深上鎖後，總管內寢的乾清門內，不允許宦官停留，全都是宮女。所以直到方皇后接報趕來，挨了一拳，才有人想起去呼喚管事牌子太監來救駕（可能住在門外值房裡）。

這次謀逆大案的主謀，據宮婢供稱，是王寧嬪。我們無法確知王寧嬪是不是平日為方皇后所憎，而乘機將其「濫入（逆案）」者。供詞也沒有提供她造謀弒逆的理由。楊金英供稱，王寧嬪曾對曹端妃說：「咱們下了手吧！強如死在他手裡。」但這或許表明，寧嬪已無法忍受朱厚熜的折磨與冷遇，決定不顧一切把皇帝拉下馬；或許那只是一句氣話，而它卻是所有預案者，包括那些沒有動手，卻採取了默許旁觀態度的宮婢們的共識。

供詞並沒有交代謀逆者如何造意、如何發動、如何預謀的過程，這是一大疑點。而且，作為「造意」的主謀，王寧嬪並沒有出現在案發現場。根據各種史料，在宮變之中，發揮最主要作用的是擔任「常在答應」的楊金英，無論供詞還是受刑名單，均以她為首。不能排除，涉案宮婢在受刑時，將平生所恨之人扯入本案的可能。司禮太監張佐在他奏詞中特地強調：「臣等惟恐不的，再三格外用刑研問，各犯供招與楊金英相同」，似乎有欲蓋彌彰之嫌。

另一個不在案發現場而罹難的，是端妃曹氏。

一般認為，曹端妃並未參與此事，她是「以寵，故及於難」。如沈德符《萬曆野獲編．宮婢肆逆》說：「故老相傳，曹妃為上所嬖愛，方皇后因妒而將其竄入逆案，曹妃實不與逆謀。」但他也表示：「宮禁事祕，莫能明也。」

沈德符注意到，在當年刑部決囚後的奏疏中，列名者有王寧嬪及宮婢楊金英十六人，並無曹端妃，「不列名於疏，想正法禁中矣」。其實刑部疏文中說：司禮監張佐傳旨後，「臣等隨即會同錦衣衛掌衛事左都督陳寅等，當將重犯楊金英等，共十六名，拿綁去市曹，遵奉明旨，俱各依律凌遲處死」，並沒有王寧嬪。故我的想法與沈先生相同：「想（王寧嬪亦）正法禁中矣。」將皇帝的媳婦兒拿到街市上，剝光衣服凌遲，於皇家體統實有大礙，猜想方皇后之計雖毒，亦不當出此。

當內亂初定時，朱厚熜剛剛復甦，但仍未省人事，一時處分，盡出方皇后之手，而當時人已猜疑遭難者中，「不無平日（為方皇后）所憎，乘機濫入者」。方皇后借著皇帝昏迷，大肆復平生之仇，將所有她惱恨之人皆借此案實行人身消滅。

沈德符據故老回憶說：「行刑之時，大霧彌漫，晝夜不解者凡三、四日。時謂有冤，蓋指曹妃諸人。」外間盛傳，許多女子是冤死的。

作為六歲小公主的媽媽，的確很難想像，曹妃會參與謀殺親夫。然而方皇后借上旨，將她強拉入案，並用凌遲的酷刑處死了她，可見此善妒之人，其心何等慘毒！她數年之後死於一場宮火，恐怕便是天報。

對於方皇后之死，明實錄與《明史》都只簡單地記載：「后崩。」沒有更詳細的交代。毛奇齡《勝朝彤史拾遺》載：曹妃死後，朱厚熜才回過神來，得知心愛的妃子慘死，非常心痛，他不相信曹妃有逆志，說：「端妃，我所愛，宜無此心。」從此對方皇后懷了很深的嫌隙，只因她救駕有功，暫時沒有發作。

嘉靖二十六年（一五四七年）十一月的一天，方皇后所居之宮忽然冒起濃煙，宮人急請救火，但朱厚熜瞑目不答，眾人便不敢去救，活生生看著方皇后被燒死在宮火之中。

此說未知的否？朱厚熜懷疑案中之人有冤，應該有個過程，如前引嘉靖二十一年十一月初二日的敕諭，仍認定「二逆御氏」結宮婢楊金英等所為，也就是說，在宮變過去十餘天後，朱厚熜仍相信此案的罪魁是王、曹二氏。故此他對方皇后的救命之恩大為感念，將皇后之父進封為侯爵。但久而久之，偶爾憶起舊事，又見曹妃所遺之弱女，不禁前情復萌，遂「翻然病已憶端妃」，乃「因德后救己，而翻以妃故憾后」。其間有一個心理變化的過程。

但以朱厚熜暴躁偏狹的性情，他若覺察到是惡婦方皇后背後搞鬼，害死他的寵妃、他愛女的母親，他能忍到六年後，待一場宮火，令其自斃嗎？須知，他的第一個老婆是被他亂發脾氣，驚墮了胎，活活嚇死的。第二個老婆，不得他意，徑直就廢了。如何對方皇后就能忍得？

他是一個吸毒的人，肚腹中的毒氣，每天都要散發才舒服的！況且，此說也無法解釋，方皇后死後，朱厚熜給予她很高規格的葬禮，把第三個老婆以「元后」之禮安葬在自己的永陵裡，說這是拿方后與太祖馬后、成祖徐后相比。顯然在他眼裡，方皇后仍是賢德之后。如果方皇后真是間接被他燒死的，兩人合葬，那兩人還不天天在陰間打仗？這個矛盾，毛奇齡可能注意到了，他在「后遂崩」後，又加了一句：「已而復悼曰：『后救我，而我不能救后。』乃欲厚其喪葬禮。」總之毛奇齡的這段詭異的記載，沒有被《明史·后妃傳》採納。

第六十三章　這裡有鬼！

朱厚熜經歷了壬寅宮婢之變，「益厭大內」，從此搬離乾清宮，不願再在此居住。有傳說楊金英等人正法後，冤死者化為鬼厲，經常迫害精神虛弱的皇帝，有一次他對閣臣徐階說：「壬寅大變，其內有枉死者，尚在宮內為厲。」徐階倒不否認，道：「彼生而貴近，無端受枉，能不化鬼為厲嗎？」

其實為厲者豈止曹妃那幾個人，朱厚熜自稱「大真人」、「萬壽帝君」，但他卻像陰曹地府裡的閻羅王，滿眼皆是鬼魂。宮中鬧鬼，皇帝被折騰得日夜不安，這件事不僅京中士民皆知，還傳到來華的朝鮮使臣耳朵裡，作為一件趣事，記錄了下來。

據他們說，嘉靖皇帝常「眼見鬼狀」，驚惶不安。道士們教他個法子：以糯米屑作成人形，列立於經常見鬼的幽暗之處，在其旁設一油鍋，沸沸地煎開。然後道士引著皇帝走到幽暗之處，忽稱「這裡有鬼」！輒拿住人形，扔到煎油之中。道士們像捉蚱蜢一般，將鬼一一捉去煎炸了，皇帝的病居然就好啦！

這件事記錄在嘉靖二十三年（一五四四年）正月的朝鮮李朝《中宗實錄》裡，正在壬寅宮變之後。

皇帝這種病，朝鮮人稱之為「虛心之症」，真是恰如其分。而道士打鬼捉鬼，其實使用的是心理療法：既然皇帝心中有鬼，且將「鬼」捉去，他心神稍寧，自然病體也康復了。

朱厚熜疑心病達到什麼程度呢？前文講到，方皇后命太監張佐、高忠捕訊宮婢。張佐是出身興王府潛邸的太監，從興獻王起，就為朱厚熜父子效命，一直做到司禮監掌印太監。他得到朱厚熜的信任，自不待言。另一位高忠，時任內官監太監，他不是潛邸出身的舊人，與朱厚熜的關係不如張佐深厚。像這樣的人，要得到皇帝的信任，自然要多經歷些敲打和磨煉。

就在宮變發生前不久，高忠曾因為「忤旨」，被關到宮城的內獄裡。而他前腳出獄，後腳就發生了宮婢之變，朱厚熜便懷疑逆婢們是被他挑唆的，嘴中雖不說，而眼裡卻射出強光紅外線、紫外線，不停地掃描高太監。

看官，我正在講的這件事，見《明世宗實錄》嘉靖二十三年三月，此時距宮變已經十七個月了，朱厚熜仍在胡亂猜測背後的真正主使，顯然他並不真的認為，那些宮婢想要他的命，是受了王寧嬪、曹端妃的指使。然而王、曹二氏慘死已久，朱厚熜懷疑另有主謀，卻並沒有為她們平反昭雪。在宮變中，朱厚熜本人雖然沒有被一群女子絞死，但那根打了死結的絞繩卻徹底勒斷了「聖明之君」的偶像脖子，朱厚熜深以為恥，可能是這種心態使他羞於啟動一次全面的調查，而是始終默認方皇后的處置。

高忠是否與壬寅宮變有關，我毫不知情。但他此時被皇上的雷達鎖定，卻是件大麻煩。

高忠任內官監掌印太監，掌管著宮廷營造及維修事務。在古建築的修建過程中，凡破土定磉[5]，豎柱上樑，都是重要的節點，需要做點儀式和慶祝活動。嘉靖二十三年三月的一天，正在興建的大享殿要定磉（指地基平整後，固定柱礎基腳等），高忠職責所關，照例上疏，奏請遣官祭祀司工之神。

這種不打緊的公文，一般都是官樣文章，書手那裡都有現成的模版。不料朱厚熜卻把這種垃圾文字看得仔細，他見疏中將「定磉」二字寫作「定頂」，頓時龍顏大怒。他認定疏文以「定磉」二字為忌諱，故意不使用這二個字，他憤怒地說：「定磉是常言，礙了何理而諱避之！」好哇！終於抓住了高忠「包藏惡念，任意欺罔」的鐵證，立刻下旨，命法司將高太監論大不敬律處斬。

過去的文字獄，哪些字違礙，犯了大忌諱，往往不是當事人自己解謎，一般人還真難以明其就裡。看官，且聽我把故事講完，你再猜朱厚熜為何震怒？

高忠為了二個字的失誤，又回內獄裡蹲了。朱厚熜發怒時，大概不是剛吃了一粒紅鉛

5 風水學術語。意為穩固地基。磉，柱下的石頭。

丸，就是半塊含真餅，所以動念就要殺人。後來藥性一退，竟把此事忘了。過了幾天，刑部見皇上還沒把高太監發出處置，就上疏來問，請把高忠轉到刑部大獄。朱厚熜的怒氣，此時已經消了，他批答道：

「朕初因『定䃎』二字，一時怒疑，遂將高忠處以重罪。但有人將責朕以片言罪人，我見昨日工部上奏及翰林院撰文，皆易為『安䃎』，哪有這種用法？自後內外行文，仍用『定䃎』字。」

高忠的無妄之災，也便來之無影，去之無蹤了。

初讀這段記載，我以為朱厚熜忌諱的是那個「䃎」字，在壬寅宮變中，那條黃綾不正勒在他嗓子眼上嗎？所以凡與「嗓」同音形近的字眼，都屬禁忌，不可在御前出現。京城內外營建，在內府屬內官監，在外衙門是工部，翰林院大約是奉旨作祭司工之神的祭文。工部與翰林院官員在高忠得罪後，可能以為皇上所恨之字應為「定」，於是自作聰明，改定䃎為安䃎，結果還是不能令皇帝滿意。幸好朱厚熜見臣子如此支絀狼狽，主動提出來，以後還是用定䃎二字，不必忌諱。

說實在話，朱厚熜是否因嗓而忌䃎，「定頂」如何就包藏惡念？我也是胡亂猜測，究竟如何，竟是懸筆難斷，望看官有以教我。

而我們從這件事上，至少可以知道，朱厚熜經過那次宮變，神經已經相當過敏，大白天看人，都是壞的，夜晚看人，皆為鬼物。他這個皇帝，當得甚不爽利！

即便如此，因為他身邊有無數捉鬼老道護駕，他也樂得相信那些鬼話胡話，所以並不改弦更張，反而變本加厲。

沈德符記載了嘉靖晚期兩次選取處女的例子，一次是嘉靖三十一年（一五五二年）冬，京師內外選八歲至十四歲幼女三百人入宮；一次是嘉靖三十四年（一五五五年）九月，又選十歲以下幼女一百六十人。這些無辜的幼女都是供此惡徒煉藥用的。

朱厚熜一邊要升仙，一邊卻做色中饞鬼，行戕生害命之事。這看起來矛盾，其實在道家觀念裡，是和諧統一的。孫思邈在《千金方．房中補益》裡就說：「昔黃帝御女一千二百而登仙……，能御十二女而不復施泄者，令人不老，有美色。若御九十三女而自固者，年萬歲矣。」我們這位萬歲爺，他道修得再好，也不過是勾欄院裡一名老嫖客，哪有什麼精神與胸懷！

如果嘉靖皇帝的後宮裡，盡是索命的厲鬼，他熬不到六十歲，也該掛了。任誰經得起那樣的驚嚇！宮中有惡鬼，折騰得皇帝惶恐不寧，把他纏出病來，所幸「烏鴉飛過喜鵲叫」，宮裡還是有個把喜鬼的。

朱厚熜晚年的一個夏夜，他在玄殿內靜坐，忽一詫眼，見御幄中突然現出一桃。他奇怪地詢問左右：「此桃何來？」都說不知。卻有人道，適才見空中墜落一物，疑即此桃。——看官，要是你我，一定問：今天是愚人節嗎？幹嘛胡謅騙我？但我們偉大英明的嘉靖皇帝，竟然歡天喜地發表感恩演說：「此天賜也！」當即決定修迎恩醮五日，以仰答天貺，對上清所賜仙桃，表示感謝。

第二天，居然又降下一桃。他更歡喜了，以為這是天人感應之速效，便命禮部遣官告於宗廟——當時，戚繼光剿滅福建倭寇，捷報傳來，他也遣官告廟，讓列祖列宗聽到這個好消息。可見這幾個桃兒，是相當不簡單的。

過了兩天，西苑裡養的白兔生了兩隻小兔子，梅花鹿也生了兩隻小壽鹿，群臣聞訊，紛紛上表稱賀。朱厚熜大喜過望，以為「奇祥三錫，天眷非常」，親自寫了一份手詔，做出答謝。

以後呢，輒降桃、降仙藥，一會降在御幄裡，一會降在御座後，廟裡還生出靈芝，嘉靖君臣，你騙我我哄你，玩得不亦樂乎。海瑞在他那篇著名的死諫疏裡，道明了真相，他說皇帝昧於修齋建醮，「是陛下之心惑」，這才有臣下的「相率進香，仙桃天藥，同辭表賀」。

難道朱厚熜真看不明白，這些所謂的祥瑞，其實都是人在搞鬼？恐怕他真不知道。當一個人整日被一幫諛臣所包圍、為諛辭所淹沒的時候，他會逐漸喪失明辨是非的能力。那些騙他的人，並不都是宦官和道士，許多還是朝廷大員。

好比朱厚熜決定將其父興獻王的親王園寢升格，改建為帝陵，命內官監與工部遣官前去修造。官員很快就來報喜了，說顯陵所在的湖北安陸地區，沒有建陵所需的白石材料，為尋找優質石材，一直找到棗陽石塘山。一位老人指遠處道：「前數日此處有鶴鳴千群，飛鳴旋繞，頗有異徵，何不去那裡找找？」說罷，就不見了。官員們大奇，遂依此老所指之處試掘，果然得到瑩潔如玉的良材。當地人都表示不敢相信，說過去哪裡有這樣的美石，都是地底下新生出來，專門供皇帝他爸爸做壽石的！

傻子才信呢！但皇帝是傻子嗎？群臣百官是傻子嗎？

不待朱厚熜反躬自省：他是否配得上仙人指路，群臣已爭先上疏，對顯陵出現的祥瑞表示慶賀——這便由不得朱厚熜不信了。

第六十四章　人鬼「弊」末了

後宮的「鬼」們，除了偷偷擲一桃、拋一物，還時時顯身降世，來干預陽間的人事。但各界鬼神非請不來，來也是受扶鸞者之請，光降專門搭建的仙壇。

朱厚熜晚年特別相信扶鸞之術，尤其寵愛一位叫藍道行的道士。擅長扶乩的術士，建壇請神，不是任誰都請的，他們與鬼神界交朋友，也非泛交，往往請一位或數位特定的神明來捧場；好比經常光顧藍道行箕壇的，是紫姑神。

紫姑，俗稱茅姑、坑姑、廁姑、坑三姑娘。看官，從這位「姑娘」的雅號，你猜她是掌什麼的神明？

坑三姑娘，自然是茅坑之神囉。

現在幾乎每家都有一到兩間廁所（或稱洗手間），想來廁神便同灶神一樣普及了。但你可不能瞧不起她，若說了她的壞話，小心跌進糞坑裡！或稍寬其罰，讓你手機掉進去，洗個臭水澡，然後你再伸手去撈，把你的手臂卡在馬桶洞裡，進退不得，狼狽得要死。這便是得罪紫姑神的下場。

看官你若查一查許地山先生《扶乩迷信的研究》中的案例，便知紫姑在扶乩界，還是相當熱門吃香的人物呢，許多扶鸞者都愛請她——這就是「香」與「臭」的辨證關係吧！

在嘉靖年間，「道行之輩，紛然並進」，其中最蒙寵者有三人：陶仲文、邵元節和藍道行。他們得了寵，又不斷向皇帝引薦八方道侶，相當於徒子徒孫，在明宮盤根錯節，勢力很大。

這些人被收入《明史．佞幸傳》裡，傳記說他們「口銜天憲，威福在手，天下士大夫靡然從風」，就是英武聰察的成祖朱棣、世宗朱厚熜，也與「昏庸失道之主」一樣，受到他們的迷惑蒙蔽，致使「嬖幸釀亂」。《明史》的筆法真是厲害，不知它是在誇人聰察，還是罵人昏庸呢？

陶、邵兩位，主要是侍奉皇上禱祠焚修，藍道行則以扶鸞術為長技。朱厚熜很相信這一套把戲，當時在西內以扶鸞之術侍上的，還有藍田玉、羅萬象等多人。他有什麼疑難之事，就把問題密封了，派宦官送到壇前焚燒。燒化的意思，是問神不問人。可惜答問的還是人，結果常常答非所問。這是為什麼呢？朱厚熜不反思是否上當，卻遷怒於宦官，怪受過閹割的宦官「穢褻」，不乾淨，所以神明不來捧場。宦官怕了，沒奈何，只好來找藍道行，就雙方共同關心的興妖作法問題坦誠交換意見。藍道行由於前一段請神，所答多不如旨，正在惶遽，見宦官來找，彼此利益攸關，遂一拍即可，達成了符合雙方利益的祕密合作協定。

自從道士與宦官簽了密約，乩壇上再不來癡愚的糊塗鬼，突然就靈驗了，總能給予皇帝可心可意的回答，令龍顏大悅。

其中祕密何在呢？原來皇上把所要問的問題寫好封訖，交給宦官，宦官會在焚燒前偷偷拆閱，然後告訴藍道行，由他順著皇帝的心思來答，自然就「言多奇中」了。朱厚熜不曉得內外勾結的隱情，還以為藍道行道行高，愈加寵信他。

本來藍道行如果像他的前輩陶仲文、邵元節一樣，「小心慎密，不敢恣肆」，或許能保持榮寵不衰。然而藍道行野心不小，他摻和到嘉靖末年日益激烈的政爭中去，並且選擇了站隊，從而犯了大忌。

藍道行站在內閣次輔，也是他的介紹人徐階一方。

徐階在表面上對首輔嚴嵩唯唯諾諾，其實此人很有城府，時刻算計著要把嚴嵩拱倒，外表上卻一點都看不出來。藍道行要幫助徐階上位，一次皇上問神仙：「今天下何以不治？」藍道行預先拿到這個提前揭密的作文題後，假借坑三姑娘的口氣，好好把嚴閣老臭了一頓——也算嚴嵩倒楣，皇帝從糞坑神那裡聽到對他的評語，能噴噴香嗎？

朱厚熜聽了，想了一會，問三姑娘：「如果嚴嵩是個壞蛋，上仙何不殺了他？」

這個問題不好回答，虧得藍道行腦瓜轉得快，立即代坑仙答道：

「留待皇帝自己收拾他。」

我就想啊，像我這樣的榆木腦袋，幹扶乩打鬼這一行肯定不行，非得在腦袋瓜裡加裝十來個轉軸不行，否則不可能如此應答迅捷。朱厚熜本來就對年老愚鈍的嚴嵩感到厭煩，藍道行的話，更是深深觸動了他。這時御史鄒應龍又受徐階的指使，上疏參劾嚴嵩，他就借勢把嚴嵩罷官，放其歸鄉了。

但嚴嵩也不是好惹的，他在皇帝身邊廣布眼線，很快就知道了藍道行的所為。於是重重行賄皇帝身邊的人，讓他們揭發藍道行怙寵招權諸不法之事。朱厚熜眼裡不揉沙子，就把藍道行判了死刑，下到詔獄裡監起來。藍道行不久死在獄裡，沒得善終。

其實，陰陽分界，人鬼殊途，鬼哪裡能知曉人事？乩仙兒的鬼畫符，不過是扶乩者的代言。藍道行是人，不是蛔蟲，他不可能知道主家肚皮裡的話，他不過靠著賄買內監，預先探知皇帝的心事，所以每答必獲歡心。藍道行搞鬼，除了嘉靖本人，盡人皆知，薦他的宰臣徐階更常借他的乩語詆毀政敵。後來情事敗露，藍道行掉了腦袋，仙姑也不來救他。

按理說，藍道行罪行敗露，朱厚熜應該覺醒了。然而他的當還沒上夠呢，那就接著上吧！

這回出場的，名叫胡大順，他與陶仲文同為湖廣黃岡縣人，靠著陶仲文的引薦上京，在靈濟宮供事。陶仲文死後，胡大順因「奸欺」之事，被斥回原籍（大概是變戲法時道具穿了幫吧）。但他不甘心，回到林下，一天到晚想的是如何能夠復出。

他偽撰了一本書，名為《萬壽金書》，詭稱是呂祖所作。看官，您聽他的，又是萬壽，又是呂祖，這本書的賣點，顯然是養生；他還說，呂祖傳授給他三元大丹，可以「去疾不老」——胡某真是掌握了完美「科技」，既能使人長生不死，還能活得健康，沒病沒災，一生幸福，誰不豔羨？但有一個問題，呂祖呂洞賓是八百年前的人物，他如何給胡大順傳授金丹和祕笈？您莫急，胡大順自有「穿越」的法寶，那是什麼呢？就是扶乩。

沙盤擺好，筆一簸箕，一路神仙就下凡了。

與藍道行與坑三姑交好不同，胡大順的好朋友是呂洞賓。胡大順聲稱，他的書與丹，都是呂洞賓降他的壇，專程給他送來的，即「得之鸞筆」。

胡大順把戲碼排好了，就派兒子胡元玉帶著他的《萬壽金書》，與一個叫何廷玉的術士一道上京，讓他想辦法把書與丹獻給皇帝。

他們找的仲介是左演法藍田玉和左正一羅萬象（都是道錄司的道官，其地位差不多等於道教協會的副會長、祕書長吧）。藍田玉原是江西南昌鐵柱宮的道士，嚴嵩罷歸後，回到南昌（嚴嵩是江西分宜人），適逢皇帝聖誕，便請藍田玉為朱厚熜建醮祈壽。剛好這時朱厚熜派到四處訪求祕法的御史姜儆來到南昌，嚴嵩便向藍田玉索取符籙，請姜儆代為奏進。嚴嵩雖然八十多歲了，仍懷老驥伏櫪之心。而藍老道正當壯年，爭先之心愈是強勁。他用符籙做人情，送給嚴嵩，自己留了一手絕活，稱為「召鶴術」，向姜儆大大吹噓了一番，請他向皇帝宣介。朱厚熜一聽，果然大感興趣，立刻將藍田玉召來，授以左演法的官職。

其實我與朱厚熜一樣，對藍田玉的召鶴術非常感興趣，不知他如何召法。這與扶鸞術比起來，是特別高超神祕、不可思議的大型魔術。可惜史書沒有介紹他是否在內殿嘗試，或是否應驗，只說他「進法祕授官」。不過藍田玉在宮廷站穩腳跟，與藍道行一樣，還是靠扶鸞之術。當時宮裡還有一個此中高人，就是左正一羅萬象。他們一起以扶鸞之術在西內奉侍皇上，同行多了，可以互相配合，相互抬樁，更容易糊弄皇帝。

此時在內廷幫助朱厚熜處理齋醮修煉這方面事務的私人祕書，是太監趙楹。他與藍田玉、羅萬象二人臭味相投、利益相關，遂一見定交，結成嘉靖末年最受朱厚熜寵愛的鬼三角。胡大順在京這些年沒有白混，他深悉京城走關係的路數，知道獲寵的路線圖是怎樣的，他首先厚賄藍、萬二人，再透過趙楹，把寶書與金丹送到御前。

朱厚熜是懂行的，他一翻這本書，便說道：「此乃扶乩之書。扶乩者為何不來？」他只是隨口一問，並沒有召胡大順上京的意思。而大膽的藍田玉就假傳上諭，宣胡大順來京。胡大順久旱逢甘霖，馬上興沖沖地來了。但來了許久，皇上就是不召見，他慾火太重，內心煎急，就頻頻上書請見。

朱厚熜還記得這個靈濟宮的道士，同意見他。見面時，首先來了場面試，當場請胡大順建壇扶乩。不知是緊張，還是別有緣故呢？（我猜是倉促之際，沒來得及與內監通氣。

扶乩這類騙術，單打獨鬥是不成的，必須形成一個詐騙集團，各自分工，集體配合，這也是為什麼道士們那麼樂於「薦賢」的緣故）胡大順表現不佳，對皇帝的問題，答非所問。朱厚熜很不高興，加以責問，胡大順滿頭大汗，只是推說「仙人未降」。

「胡大順又來了。」

第二天，朱厚熜氣呼呼地對大學士徐階說：「此人不是我召來的，是藍田玉、羅萬象因我之問，妄將他喚來的。」

朱厚熜便把昨日胡大順扶乩不靈的事說了一遍，問徐階：「自藍道行下獄，遂百孽擾宮，或有所使然者。今大順來，可復用乎？」他一語道出心中的惶惑。原來自藍道行死後，宮裡便不乾淨，各路惡鬼開始活躍起來，攪得他日夜不得安寧。他懷疑是藍道行靈魂不滅，留在宮裡鬧鬼（「或有所使然者」）。而藍田玉、羅萬象等人的本事，有所不濟，不是藍道行的對手，所以不能掃平宮孽。朱厚熜希望能物色到新的拿鬼能手，如果胡大順有真本事，他願意重新起用他。

「大順等皆無賴小人，不畏法度，而藍田玉尤甚，觀其妄自傳呼，即可類推。」徐階借皇帝之問，趁機說道，「扶乩之術，惟內外勾結，方能偶然應驗，否則茫然不知，只以浮詞支吾而已。」

徐階否定了扶乩的可靠性，他說：「今宮孽已久，似非藍道行所致。且用此輩，孽未必消。就是後宮孽擾息了，不敢保其不別生事端。小人無賴，宜治以法。」

「藍田玉實在是素行無狀。」朱厚熜稍稍有些醒悟，牙齒開始咬起來。「去年冬天，他代何廷玉呈進水銀藥，遂詐傳密旨，爭取胡大順來京。不治之，無以儆將來！」

水銀藥就是三元金丹，它取黑鉛為料，燒煉至變為白色，即為「先天水銀」，再加煅煉，則成為「清霞玉粉神丹」。其名色雖然多，作為燒煉老專家的朱厚熜知道，這種丹藥的主要成分是水銀，所以直接稱為水銀藥。

我們平常接觸到的水銀，就是溫度計裡那一小段液體，水銀是有劇毒的！

「水銀不可服食，詐傳詔旨之罪尤重。」徐階道，「倘若置之不問，群小互相朋結，恐怕釀成大患。乞聖明速斷，以消隱禍。」

在徐階的推動下，朱厚熜下旨，將胡大順連同藍田玉、羅萬象一起拿下錦衣衛獄。錦衣衛審理過後，將獄詞奏上。這時朱厚熜那團戾氣已經過去，不怎麼生氣了，有心寬處這幾個人，便又找徐閣老來諮詢。

徐階力言不可，道：「聖旨至重，若聽憑詐傳，他日半夜出寸紙，有所指揮，將若之何？此其機芽，實當預防，必須重治，乃保邦深計，乞聖明斷而行之。」朱厚熜這才決意，將胡大順等人付法司衙門，從重擬罪。

藍、羅二人得罪，急壞了他們的內應太監趙楹，要為他倆出頭講情。平常裝神弄鬼的人，把戲玩多了，做什麼都離不開鬼把戲。趙楹寫好一份密疏，不是透過通政司或會極門奏進，而是藏在宮殿的窗櫺中，趁在御前行走辦事時，突然從櫺隔間取出呈上，在朱厚熜前哭訴，極力為胡大順等人申解。

這一招未免拙劣，氣壞了朱厚熜，二話不說，將趙楹拿下，送司禮監拷訊，嚴刑究問他與胡大順等人的「通姦」之狀。

這時已是嘉靖四十四年（一五六五年）五月，徐階在推倒嚴嵩後，繼任內閣首輔，聲望如日中天，深得皇帝倚信，在廷臣中威望又高，是說話非常有分量的人。他在司禮監與刑部兩頭一打招呼，大家一起往裡使勁，很快盡得諸人「交通」的奸狀。於是胡大順父子，以及藍田玉、羅萬象、何廷玉等皆「論死」，而趙楹已先斃於獄中了。

刑部見趙楹死了，循例奏請驗屍，然後埋葬。不想又觸到皇帝的氣頭上，朱厚熜暴怒一回，說道「逆囚當顯戮於市」，謂趙楹應該與眾人一樣，押赴市曹斬首，如何讓他僥倖死在獄中，不得盡法？責令刑部「對狀」（就是檢討錯誤，寫出深刻檢查）。於是，刑部尚書黃光昇率領部屬一起請罪，最後停了該司郎中二個月的俸，以作懲罰。

第二年（一五六六年）十二月，求了一輩子長生的朱厚熜，還是沒能跨越生命的界限，終於上天做神仙去了。終年亦不過六十歲。更令他死時難以闔目的是，當他「大漸」昏昏之時，被人不由分說地從西苑抬回暌隔二十多年，曾令他驚恐、憎惡的乾清宮。這正是一幕滑稽的人間喜劇。

第六十五章　請關羽來伏魔

在考古學家眼裡，大明神宗萬曆皇帝朱翊鈞是這樣一副衰樣：駝背，兩腿長度不一致，身高約一六四公分；患有嚴重的口腔疾病，主要是齲齒、牙周病和氟斑牙，由於刷牙不當，有的牙齒形成楔狀缺損。

這是一九五六年定陵發掘後，朱翊鈞遺骨的檢測結果。

二〇世紀五〇年代中期開始的大躍進，也波及到考古界，一些心浮氣躁、力求表現的專家學者，摩拳擦掌，躍躍欲試，準備發掘古代帝王陵墓。他們原想從十三陵中最大的長陵下手，那裡的寶貝可不少，最後決定先試掘神宗定陵，累積些經驗，再來整那個大傢伙。

你瞧瞧，帝王陵的發掘，是多麼重大的事情，哪有為研究一個罐罐，先打破一個罐罐做實驗的道理？那真是一個不可理喻的時代。

很快推土機就開進定陵陵園，不消多久，就把朱翊鈞和他兩位皇后的骨頭挖出來，當然隨之出土的，還有大量的奇珍異寶。

定陵發掘的第二年，全國開始「反右」，熱情過頭的專家們被當頭戴了一頂右派帽子，又被鋪天蓋地的大批判攪得心灰意冷，這都影響到定陵的發掘，文物的保護與研究非常草率，許多珍貴文物遭到不可挽回的破壞。幸虧考古界的大躍進沒有持續下去，否則學術權威們為了爭表現，「將功補過」，又將高舉鎬頭鋤把，從定陵開始，向全國的皇帝陵寢進軍了！

朱翊鈞夫婦的枯骨，被挖出來後，經過簡單的檢驗，即存之空庫。數年之後被一群「革命群眾」揪出，一通狠批之後，付之一炬。

從當時留下的檢測結果來看，明神宗朱翊鈞生前是一個身有殘疾的病夫。

中年以後，朱翊鈞就經常以頭暈、腿病等為由，在內宮靜攝，不再上朝。許多大臣懷疑皇上的病是裝出來的的，其實就是為了偷懶。但從朱翊鈞的遺骨來看，他的確是多病纏身，長期被病魔折磨，生活並不快樂。

可能因為殘疾（跛腿駝背），使他產生了強烈的自卑心理，這是他疏遠群臣的一個重要原因。

也不是所有人都懷疑皇帝裝病，有個叫雒於仁的小官就正經八百地上了道疏，說皇上啊，你確實是得病了，我今天給你開個方子。他說皇帝得了四種病，合起來就是「酒色財氣」四個字。把朱翊鈞氣得發瘋，竟還殺不了姓雒的。在明代，臣子罵皇帝，罵出幾位千古名臣，這在歷史上是非常少見的。要是在清代，簡直不可想像。清朝人只敢說皇帝好，明朝人難得說皇帝的好，這種差別，不論在當時的政治中，還是實錄等史書中，都表現得非常明顯。比如酒色財氣疏，就老老實實記在《明神宗實錄》裡，再去看清朝的實錄，本本乾淨，皇帝們都好像到韓國整過容，個個撞臉，因為他們聖明得就像同一個人。

酒色財氣四字已成了神宗朱翊鈞的歷史標籤。人們多拿色、財二字數落他。如色，說他如何溺愛鄭貴妃，又如何與「十俊」（十名年輕的宦官）親近，好像他是一個瘋狂的雙性戀，有雙重性取向。如財，裡裡外外都說神宗好財，不要說他晚年派出許多太監到各地去當礦監稅使，苛斂財貨，騷擾天下，他在政治上的一些舉動，也被深度解讀出斂財的動機。如抄沒首輔張居正和司禮太監馮保，有人說他是為了給公主大婚籌款；重新起用黜退家居的東廠太監張鯨，則有人說，那是張鯨向皇上行賄的結果。朱翊鈞對小臣這種亂嚼舌頭的行為，大為光火，憤憤然對閣臣說：「是那樣嗎？我若貪張鯨的錢，何不抄沒了他！」

朱翊鈞生前，名譽就不好，不過他「四病」中的酒與氣，被人攻擊較少，即便談到，也多從規勸的立場。

朱翊鈞年少時就好酒，有一次幾乎惹出大禍。那是萬曆八年十一月，十八歲的他，喝醉酒，發酒瘋，在腰裡掛了口寶劍，在宮裡四處遊蕩。一個醉漢，在褲帶上插把菜刀，在街上亂逛，都讓人覺其危險，何況是一條醉龍。果然有宦官遭了殃，一個被他割去頭髮，令我想起一句唱詞：「小女子年方二八，正青春，被師傅削去了頭髮」，又令我想起曹操削髮代首的故事。不知朱翊鈞學的是哪一齣？這算便宜的，他還打了兩個宦官的屁股，一頓竹筍炒肉絲，幾乎把他們打死。

不想皇帝的胡作非為傳到母親李太后耳裡，老娘娘非常生氣，心想這孩兒不學好，如果任其發展下去，將來不知要怎樣禍害國家。她決定給皇帝一個嚴厲的警示。第二天一早，太后脫去頭上的簪珥首飾，換上青布素衣，聲言要召見閣部大臣，謁告太廟，廢掉朱翊鈞，改立潞王朱翊鏐（穆宗第四子，也是李太后所出）。

太后老娘娘大張旗鼓一作秀，馬上全宮哄傳，朱翊鈞立刻就知道了。他慌了神，急忙跑到母后身前，跪下來哭著告饒。閣臣聽說了，也來解勸。李太后像熬一鍋骨頭湯，慢慢地熬，等到香味溢出，湯汁濃厚，才掀開蓋子，答應饒恕他，但不許他再犯。

李太后這麼做，固然戲劇色彩十足，震懾效果立竿見影，但這種做法是否合宜，恐怕值得商榷。在太后眼裡，個子矮小清瘦的兒子，始終只是個孩子。雖然他玩性不減，但畢竟是在位已經九年的天子。用這種簡單粗暴的方式，令他在全宮之人面前出醜，他雖迫於形勢，不得不暫時隱忍服輸，但終究會造成持續的負面心理影響。他們母子的關係，後來便不怎麼好。

萬曆十年（一五八二年），權相張居正死去，在接下來對張居正和權監馮保等人的清算中，朱翊鈞真正掌握了朝廷的大權。他一度想有所作為，萬曆十三年（一五八五年）四月，因為京師久旱不雨，朝廷三次遣官祈雨，都沒有效果。朱翊鈞忽然做出一個令人吃驚的決定：他要從大內親自步行到南郊禱雨。到了那一天，天還沒亮，他穿著一身素布衣服，從大明門裡走出來，赴郊壇行禮。禮畢將還，左右請御法駕，他興致仍然很高，決定依舊走回去。等到回宮，已經太陽偏西了。他還沒有倦意，又在皇極門召見閣臣，命內閣擬旨，蠲免天下受災田賦一年。然後又去奉先殿與母后宮中，把今天親自祈雨的情況告訴祖先與母后。累了一日，不辭辛勞地全程完成所有規定的禮儀項目。

朱翊鈞的這番舉動，與後來的他完全判若兩人。從大明門到南郊天壇，往返幾二十里路，在孟夏炎炎之日，可不是好消受的。可見此時的神宗，還不那麼神兮兮、病怏怏，精神狀況也不像後日那樣萎靡頹廢。他敢於直接面上對京師百萬看熱鬧的民眾，而不是躲在龍輿裡，說明他背不駝、腿不瘸，糾纏他大半生的各種病患，還沒有牢牢地把他捆縛住。可惜，只在幾年間，這點餘暉般的光景，就離他而去了。

他把自己關在牢籠裡，變成一個多疑的狂夫。

萬曆的後半段，朱翊鈞與群臣的關係，大致可以用「鬥氣」二字來總結；而在他「靜攝」的深宮，朱翊鈞與身邊人的關係，卻要用「使氣」來概括。

我們來看萬曆二十四年（一五九六年）六月的一條記載：

「司禮監太監田義奏乞寬宮人、內官刑罰。不報」。

「不報」二字，專指皇帝對內外官員的奏疏，不做任何答覆，也不表示意見，就讓它如泥牛入海一般去也。這是在萬曆朝君臣的對抗中，朱翊鈞最常採用的方式，任你千言萬語，我一個不理不睬，你也無可奈何。

田義是司禮監掌印太監，在宦官中地位最高，他上這一本，是替皇帝身邊整日膽顫心驚的宮女和宦官說話。因為皇上脾氣太壞，宮人動輒得罪，在隨時飛來的慘刑之下，過著朝不保夕的生活，許多人白白送了性命。明末太監劉若愚在《酌中志》中記述田義生前事蹟時，特地提到他進諫，請求寬宮人、內官刑罰這件事，可見此事多麼的得人心。

田義進奏，是下了很大決心的。萬曆二十四年三月，乾清、坤寧兩宮受災，朱翊鈞下詔，命百官修省（在古人看來，天災是政事缺失的表現，修省是令百官反省自己的德行與工作）。這提供了一次進言的良機。但田義沒敢輕率行動，他與時任東廠太監的陳矩商議此事，兩人「深夜坐語，仰天太息」，對時政之失有共同的觀感。於是由陳矩擬出兩稿，經田義看過，一起署名，採取密諫的方式奏上。

其中寬刑罰一疏說：「臣等竊見御前執事宮人、內官，經常因為觸犯聖怒，遭到嚴懲，責處發遣，絡繹不絕，每每致其重傷，兼患時疾，死亡者，殆無虛日。」

原來皇帝要打人了，聖旨一傳，即於本日動刑。得罪皇帝的人，行刑者豈敢輕饒，使罪及於己？於是在用刑時一定要打實打狠。而押解者也怕受到牽連，遂將犯人日夜墩鎖，絲毫不予寬縱，致使受刑犯人得生者十無一二，死亡率非常高。

田義舉例說，如近日二宮失火，為追查原因，「熾火煆煉」之下，許多人竟成「灰燼」；隨著調查範圍的擴大，守門太監「又斃幾命矣」。

不單執事太監有過受責，就是宮人病死，他也要受連累，或打一百二十，或打一百五十，往往性命不保。田義感嘆：一人病死，尚然可憫，何況又波及無辜生命！宮中「耳聞目見，哭聲載道，怨氣沖天」，簡直是一副人間煉獄的景象了。

朱翊鈞看過密疏，是什麼態度呢？劉若愚說：「神廟嘉納之。」其實「嘉納」只是比「不報」多了一點和氣的色彩，朱翊鈞暴虐成習，已不可改了。

第二年，即萬曆二十五年（一五九七年）四月，刑部左侍郎呂坤上疏，言「收拾人心」數事，其中一款專講「收左右之人心」。他描寫宮人慘痛之情道：「列聖在御之時，宦官、宮妾死於棰楚者未之多聞。陛下年來疑深怒重，廣廷之內，血肉淋漓，宮禁之中，啼號悲慘。」因問道：「吉祥之地，豈宜如斯？」這就是田義前疏所說的「如此致傷天和，豈聖世所宜有哉！」

呂坤更進一步，指出了這種情形的危險性：

「宮闈近地，護愛聖躬，惟在此輩。今宮中侍奉之眾皆傷心側目之人，他們懷著朝不保夕的畏懼之心，又何愛其九死一生之身？臣竊憂之。」

呂坤說宮人們「何愛九死一生之身」，是婉轉的說法，說宮人們反正性命有憂，活著如九死一生，他們一定會鋌而走險，做出危害皇帝之事的。

呂坤還不敢拿世宗朝的「壬寅之變」來提醒皇帝，隨便棰楚、侮辱左右下人，有多麼危險。他如果熟於掌故，應該拿太祖朱元璋對秦王樉、晉王棡的訓誡來啟發皇上。秦、晉二王打了廚子幾鞭子，就讓他們的父皇大驚失色，當作一件了不得的大事，專門寫信加以告誡。其中道理很簡單：做皇帝的，得罪天下人都不打緊，他們恨你，想殺你，你卻是看不見、摸不著；這要是得罪了身邊人，尤其是侍寢管膳之人，他要害你，你防不勝防。朱翊鈞是不懂這道理，還是他管不住自己的壞脾氣呢？如果一個人連自己的脾氣都管不住，隨意地去殘害人，並以此為樂，我想他一定患上了嚴重的心病！

值得一提的是，神宗的皇后王娘娘，也就是在定陵與他同墓穴的孝瑞王皇后，也不是個好東西。據太監劉若愚講，她宮裡的管家婆老宮人（管家婆又稱婆子，是各宮管事的老年宮人）以及小宮人，常罹其毒打，死者不下百餘人；近侍太監也動輒得咎，被墩鎖降謫。倒是鄭貴妃較能善待下人，身邊的近侍常能得到她的提攜關照，到好衙門供職帶俸。

我們來看《明史．孝端王皇后傳》：

「皇后性端謹，事神宗母李太后，能得其歡心。光宗在東宮時，常處於危疑之中，皇后調護備至。鄭貴妃專寵，皇后也不與之計較。她正位中宮四十二年，以慈孝稱。」

哪裡是「不計較」，這位老巫婆奈何鄭貴妃不得，她只好拿身邊人的性命出氣呢！這種「慈孝」，應該叫《明史》的「寫手」去試試。

「正史」與私家載記，兩種資料，我相信劉若愚的話，《明史》的記載真是鬼話連篇。鄭貴妃名聲很差，王皇后聲名素佳，這是歷史聲價的低與昂；然而「好人」的宮中哀鴻遍野，「壞人」宮裡卻鶯歌燕舞，這是何圖景？

我們在太監和宮女中來次投票吧，問：你們覺得鄭貴妃好，還是王皇后好？準備幾個詞給他們選，想必「慈孝」的王皇后得到的最多評語，將是二個字：「狗屎」。

萬曆晚年以來，明宮綱紀的廢弛到了令人驚詫的地步，太監中群毆成風，與宮女軋姘頭屢見不鮮，遊人只要花錢，可以買通太監，到大內西苑等處禁地遊覽；什麼奇形怪狀、光怪陸離的事都在大內發生過，比如內閣的大印被人盜了，某人因為受了冤屈，跑到會極門上吊，莫名其妙宮裡就抬出一具死屍，也不知是誰的……，如此種種，皆是大明王朝夕陽西下的真實寫照。

而明宮的每一座門裡，都供奉著武聖人關雲長。關羽在此做什麼？當然不是夜讀《春秋》，保護他的嫂夫人，他在那裡擋煞呢！

生前敗走麥城，身首異處的關羽，自宋代以來，地位被捧得很高，已封到王爵，稱為義勇武安王。明朝初年，打回原形，恢復了漢壽亭侯的舊爵，好像有些英雄落寞。到嘉靖中才恢復了武安王的稱號。萬曆中，關羽的地位加速上升：十八年（一五九〇年）加封帝號，四十二年（一六一四年）更加封為「三界伏魔大帝神威遠震天關聖帝君」。

朱翊鈞的公子福王朱常洵，在萬曆四十五年（一六一七年）為洛陽關帝廟所刻簽簿寫了篇序，說：「前歲我承命分封河南之時，宮中頗不安靜。關公以單刀伏魔於皇父宮中，父皇在夢寐之中，見證了關公的壯舉，事後，宮廷果然寧息多了。是以父皇大隆其徽號以報之，關公亦由是敕聞天下而得到更加尊顯的地位」。

原來關羽吃香不是無緣無故的，晚景末世的明宮中，妖孽厲鬼橫行，正是關聖人大顯身手的時節！關羽護駕有功，才得到伏魔帝君的獎賞。

朱家非比尋常的日常（二）：
挖掘明代諸君的真實樣貌

作　　者　胡　丹

發 行 人　林敬彬
主　　編　楊安瑜
編　　輯　王艾維、高雅婷
封面設計　鄭婷之
編輯協力　陳于雯、高家宏

出　　版　大旗出版社
發　　行　大都會文化事業有限公司
11051臺北市信義區基隆路一段432號4樓之9
讀者服務專線：(02)27235216
讀者服務傳真：(02)27235220
電子郵件信箱：metro@ms21.hinet.net
網　　　址：www.metrobook.com.tw

郵政劃撥　14050529 大都會文化事業有限公司
出版日期　2022年03月初版一刷
定　　價　320元
I S B N　978-626-95647-2-9
書　　號　B220302

Metropolitan Culture Enterprise Co., Ltd.
4F-9, Double Hero Bldg., 432, Keelung Rd., Sec. 1,
Taipei 11051, Taiwan
Tel:+886-2-2723-5216　Fax:+886-2-2723-5220
E-mail:metro@ms21.hinet.net
Web-site:www.metrobook.com.tw

◎本書由陝西新華出版傳媒集團／太白文藝出版社 授權繁體字版之出版發行。
◎本書如有缺頁、破損、裝訂錯誤，請寄回本公司更換。

國家圖書館出版品預行編目（CIP）資料

朱家非比尋常的日常（二）：挖掘明代諸君的真實樣貌 /胡丹 著. -- 初版. -- 臺北市 : 大旗出版 : 大都會文化發行, 2022.03
256面 ;14.8×21公分. -- （B220302）
ISBN 978-626-95647-2-9(平裝)

1. 明史 2. 通俗史話

626　　110022654